教育部人文社会科学研究青年基金项目"基于公平视角的我国义务教育教师资源配置问题研究"（10YJC880037）

国家教育体制改革试点项目"教师教育人才培养模式创新与优秀教师培养"（项目编号：09-257-383）

中国义务教育阶段教师资源配置问题研究

高丽 著

中国社会科学出版社

图书在版编目（CIP）数据

中国义务教育阶段教师资源配置问题研究 / 高丽著 . —北京：
中国社会科学出版社，2014.10
ISBN 978 - 7 - 5161 - 4986 - 7

Ⅰ.①中… Ⅱ.①高… Ⅲ.①义务教育—师资队伍建设—
研究—中国 Ⅳ①G522.3

中国版本图书馆 CIP 数据核字（2014）第 241830 号

出 版 人	赵剑英	
责任编辑	罗 莉	
责任校对	李 林	
责任印制	李 建	

出 版	中国社会科学出版社	
社 址	北京鼓楼西大街甲 158 号（邮编 100720）	
网 址	http://www.csspw.cn	
	中文域名：中国社科网 010 - 64070619	
发 行 部	010 - 84083685	
门 市 部	010 - 84029450	
经 销	新华书店及其他书店	

印 刷	北京市大兴区新魏印刷厂	
装 订	廊坊市广阳区广增装订厂	
版 次	2014 年 10 月第 1 版	
印 次	2014 年 10 月第 1 次印刷	

开 本	650×960 1/16	
印 张	12.5	
插 页	2	
字 数	166 千字	
定 价	38.00 元	

目　　录

第 一 章

绪　　论

第一节　问题的提出

一　研究背景

在现代社会，教育逐渐成为最重要的、无法替代的社会流动资源，教育的"平等化"功能在现代社会中日益突出。教育能够促使处于弱势状态的人群向上流动，从而增进社会的平等，促进社会的稳定，是弥合社会分化与差异的重要途径。而义务教育是提高全体国民素质，为培养各级各类人才打基础的奠基工程，义务教育遍及城乡，不分地域、民族、阶层，面向全体国民，为每一个国民的终身发展奠定基础，也就是说，义务教育不仅是弥合社会分化与差异的一个重要途径，而且起着基础性的作用。

因此，可以这样说，"教育公平是社会公平的起点和核心环节，其中义务教育的公平是最基本的公平"。[①] 衡量义务教育的好坏不是着眼于培养少数精英，而是使所有国民的素质普遍得到发展，这是义务教育的首要功能。[②]

[①]　陈小娅：《以科学发展观统领我国基础教育的改革和发展》，《教育发展研究》2005 年第 4 期。

[②]　杨东平：《教育是社会发展的平衡器、稳定器》，《人民教育》2002年第 4 期。

　　而现实情况是，我国虽然已经从法制和现实层面普及了义务教育，保证所有儿童、少年享有平等接受义务教育的权利；但随着经济和社会发展差异扩大，义务教育发展水平的差异明显存在，并呈现扩大趋势。儿童、少年接受义务教育的权利实际上仍然不平等，教育公平和社会公平面临挑战。

　　为此，教育部于 2005 年 5 月发布《关于进一步推进义务教育均衡发展的若干意见》，明确提出把义务教育工作重心进一步落实到办好每一所学校和关注每一个孩子健康成长上来，有效遏制城乡之间、地区之间和学校之间教育差距扩大的势头，积极改善农村学校和城镇薄弱学校的办学条件，逐步实现义务教育的均衡发展；2006 年 6 月修订的《中华人民共和国义务教育法》第六条也明确提出要"促进义务教育均衡发展"，从法律的层面确立了义务教育均衡发展的法制保障；2007 年 10 月，党的十七大也明确提出"优化教育结构，促进义务教育均衡发展"的目标，义务教育均衡发展成为执政党工作的重要目标；2010 年年初，教育部再次发布《关于贯彻落实科学发展观　进一步推进义务教育均衡发展的意见》，提出了义务教育均衡发展的具体操作办法和阶段性目标；2010 年 7 月颁发的《国家中长期教育改革和发展规划纲要（2010—2020）》中，对今后十年的教育发展进行了战略部署，对教育尤其是义务教育均衡发展提出了明确的任务要求。

　　并且，国家近几年也不断推出义务教育经费保障体制改革，试图平衡地区间的教育财政差距，逐步缩小地区间教育发展水平的差异，以维护教育公平。比如，伴随着农村税费改革的完成，2001 年开始，中国政府对农村义务教育阶段贫困家庭学生实行了"两免一补"政策；2005 年年底，国务院又发布了《关于深化农村义务教育经费保障机制改革的通知》，决定用五年的时间，按照"明确各级责任、中央地方共担、加大财政投入、提高保障水平、分步组织实施"的基本原则，逐步将农村义务教育全面纳入公共财政保障范围；到 2010 年，中国城市和农村义务教育已经实现了全部免费。

事实上，义务教育发展不均衡，从根本原因来说是教育资源的稀缺与有限以及资源配置不均衡、不合理。而教育资源，是指教育过程中所占用、使用和消耗的人力、物力和财力资源，即人力资源、物力资源与财力资源的总和。[①] 单单从某一方面资源的投入入手，是不能根本上解决问题。虽然一系列的财政新政策，很大程度上解决了义务教育的经费问题，平衡了地区之间、城乡之间办学条件、硬件设施的差异，但义务教育的均衡发展除了追求外在的设施、校舍等办学条件均衡之外，更为重要的是追求内在的办学水平和教育质量的均衡与提高，而决定一所学校办学水平和教育质量的关键因素就是教师队伍的素质。所以，义务教育均衡发展的关键在于师资力量的均衡配置，如何均衡配置师资力量成为义务教育均衡发展的紧迫任务，并逐渐成为制约当前中国教育公平发展的瓶颈。本书正是围绕"中国义务教育阶段的教师资源配置问题"而展开。

二 研究目的和意义

（一）研究目的

通过研究当前义务教育均衡发展中的瓶颈——义务教育阶段教师资源的配置问题，为我国义务教育均衡发展中如何配置教师资源提供理论基础和实证方法。

（二）理论意义

本研究为教育科学研究提供了一个新的研究视角。当前，教育均衡发展的基础理论来源于正义（公平）理论、经济均衡理论、教育经济学理论、发展经济学理论、公共产品理论、公平与效率关系理论、新制度经济学理论、区域经济理论等，并

---

① 顾明远：《教育大辞典》，上海教育出版社 1998 年版，第 799 页。

且仍在不断发展。本书除了进一步梳理这些理论与教育均衡发展之间的内在关系，同时还重在将系统科学的理论和方法运用到义务教育均衡发展研究方面。就目前而言，教育学和系统科学尚属于相对独立的两个学科，本书借鉴系统科学的理论，运用解释结构模型等系统工程的方法研究教育问题，将"系统科学"和"教育学"两个相对独立的学科有机地结合起来，在一定意义上不仅扩展了该方法的应用范围，也为教育学的研究提供一个新的思路，从而进一步丰富教育均衡发展的基本理论。

同时，本书运用宏观经济学、微观经济学的相关理论和方法，系统分析我国义务教育阶段师资均衡配置问题的内涵与特征，构建了现阶段我国义务教育阶段师资均衡配置合理性和有效性标准，这些研究也进一步丰富了师资均衡配置的有关理论。

（三）实践价值

贯彻党和国家的义务教育发展政策，提升政府公共服务的层次和质量。义务教育均衡发展是当前我国义务教育政策的基本价值取向之一，义务教育公共服务不均等现象的原因在哪里，问题的症结在哪里，打通症结后，政府才能迅速采取高效的措施实现义务教育均等化的目标，提供高质量的义务教育公共服务。本书力图对"义务教育均衡发展"的举措在我国的实施效果和存在问题做出翔实的评估和确切的回答，继而为中央决策层和地方执行层如何进一步完善义务教育均衡发展策略，如何有效地推进策略的实施，如何解决在实施过程中遇到的突出问题等，提供具有科学参考价值的建议与对策。

当然，本书不在于提供统一的或者标准的师资均衡配置模式，而在于探讨我国义务教育阶段师资配置的现状和存在的问题，运用系统科学、经济学的理论和方法分析形成我国义务教育阶段师资配置现状的原因，在此基础上，提出实现我国义务教育阶段师资均衡配置的若干建议。

第二节 研究问题描述及核心概念界定

一 研究问题的描述

鉴于我国教育公平发展中存在的主要问题和《国家中长期教育改革和发展规划纲要（2010—2020)》对义务教育均衡发展的特别要求，本书界定在义务教育阶段。而且，目前教育发展和义务教育均衡发展问题多属教育科学中教育管理、教育经济的科研范畴，研究的重点是教育财政保障体系与义务教育的均衡发展，本书在教育科学研究成果的基础上，结合系统科学的理论和方法，将研究目光关注于义务教育均衡发展中的师资配置问题上，研究的主题是"基于公平视角的我国义务教育阶段教师资源配置问题"。

在研究过程中，基于以下问题：依据什么理论、什么方法得出教师资源配置问题是教育公平发展最核心的问题；依据什么理论、借助哪些方法测度和评价义务教育阶段教师资源的配置现状；依据哪些理论合理解释我国义务教育阶段教师资源配置现状的成因；依据哪些理论和方法制定现阶段我国义务教育阶段教师资源配置是否合理和有效的标准；推进我国义务教育阶段教师资源配置的均衡发展的有效策略是什么。由此进而为政府制定义务教育均衡发展政策提供理论基础和科研成果支撑。

二 本书核心概念的界定

（一）资源、教育资源、教师资源

资源"通常指自然界存在的天然物质财富"①，是生产资料

---

① 于光远：《经济学大词典》，上海辞书出版社1992年版，第20、22页。

或生活资料的天然来源。其本意是指具有一定使用价值的、能被人利用的、可以获得效益的土地、矿山等，现代经济学已将资源的研究扩展到包括生态环境、物质资本以及人力资本等更为广泛的范围中去了。①

教育资源是资源的一个分支，包括人力资源、物力资源和财力资源三个部分②，其中人力资源是最关键的资源，学校中的人力资源主要是指教师资源。教师资源包括学校内的任课教师、管理人员、教学辅助人员和勤务人员等。任课教师是指学校中直接从事教育、教学工作的专业人员；管理人员是指从事学校管理工作的人员；教学辅助人员是指学校中主要从事教学实验、图书、电化教育以及卫生保健等教学辅助工作的人员；勤务人员是指学校后勤服务人员。本书中的教师资源主要是指专任教师，即不同学科的任课教师。

（二）资源配置、教育资源配置、教师资源配置

从经济学的角度，资源配置（resource allocation）是对相对稀缺的资源在各种不同用途上加以比较做出的选择。

一般而言，资源配置状态的途径或手段只有两种：市场和计划（政府）。在没有政府（计划）干预的条件下，市场会自发地形成一种资源配置状态，这是市场型的资源配置方式。在排斥市场作用的条件下通过政府的计划也可以安排一种资源配置状态，这是计划型资源配置方式。在现实的资源配置过程中，由于市场和政府计划均存在失灵和缺陷，资源配置方式多是混合式的，或以市场配置为主计划配置为辅，或计划配置为主市场配置为辅，其目的均是达到合理的资源

---

① 王惠清、胡彩业等：《教育行政原理》，湖南大学出版社 2006 年版，第 20、206、230 页。

② 顾明远主编：《教育大辞典》（第 7 卷），上海教育出版社 1990 年版，第 251 页。

配置状态，实现资源配置目标。

资源配置方式包括四个组成部分：配置主体、配置客体、配置原动力以及配置决策方式。所谓不同的配置方式是指在配置客体不变的条件下，配置主体、原动力以及决策方式的不同组合。市场型配置方式是指以市场主体（企业、个人、作为购买者的政府）为配置主体，配置的原动力是源自市场的需求牵动，配置的决策方式是分散决策。计划型配置方式则是指以政府作为配置的主体，配置的原动力是政府计划产生的供给驱动，配置决策方式是政府集中决策。

教育资源配置问题是指在资源稀缺的条件下生产什么样的教育产品以及怎样生产教育产品的问题；教育资源配置方式是指形成教育资源配置状态的途径或手段。[①]

教师资源配置，简单地说就是教师的分配、安置，即把教师资源在各级各类学校间进行分配。与资源配置方式相对应，教师资源配置方式也主要包括四个组成部分：第一，配置主体，即由谁来配置，政府还是市场；第二，配置客体，教师资源配置中客体主要是在职教师、师范类毕业生、取得教师资格证的其他人员；第三，配置原动力，即与配置者密切相关的，靠什么力量来配置，是靠市场的需求牵动还是政府的计划供给；第四，配置决策方式，即在教育这个复杂的系统中，将对教师做出怎样的分配、安置才能更好地充分利用教师这一资源。在操作层面上，教师资源配置就是配置主体依靠特定的配置原动力在教育系统中实行的对配置对象的分配和安置。从教师资源配置的操作性定义可以看出，随着配置主体、配置原动力、配置对象以及配置决策方式的不同，对教师资源的利用就会不同。

---

① 王红：《论教育资源配置方式的基本内涵及决定因素》，《教育与经济》1999 年第 2 期。

第三节　研究内容、方法

一　研究内容

（一）逻辑思路

本书围绕"义务教育阶段教师资源配置问题"，通过初步分析认识问题、确定研究问题、探寻研究目标，到分析问题，从而解决问题的研究思路展开。紧扣问题、原因、对策这三个主要方面，按照理论铺垫、问题分析、原因分析、对策探寻的逻辑结构依次展开。具体如下：

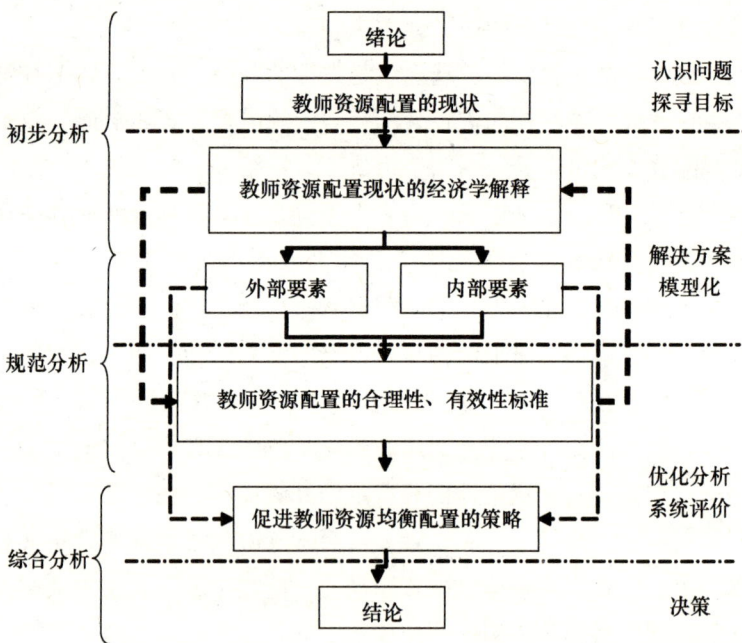

（二）研究内容

本书共七章，具体内容如下：

章	目标	具体内容
第一章	概述研究义务教育阶段教师资源配置问题的意义和目标	梳理义务教育阶段教师资源配置问题的研究背景和研究意义
第二章	评述国内外关于义务教育阶段教师资源配置问题研究的相关文献	搜集、整理国内外关于义务教育均衡发展、教师资源配置以及义务教育阶段教师资源配置的相关文献，了解国内外对这一问题的相关研究
第三章	研究教师素质与教育公平的内在关系	运用系统科学的理论和解释结构模型，分析在众多影响教育公平发展的因素中，教师素质所处的层次和所发挥的所用，从而揭示"义务教育的均衡发展的前提和保障是教师资源的均衡配置"
第四章	系统分析我国义务教育阶段教师资源的配置现状	依据历年《中国统计年鉴》、《中国教育统计年鉴》、相关的国外数据以及西安市有关学校的走访调查数据，从数量、质量、流动趋势等方面分析我国义务教育教师资源的配置现状以及存在的问题
第五章	运用经济学的相关理论分析我国义务教育阶段教师资源配置存在问题的原因	主要运用了供给理论、成本理论等，分析我国义务教育阶段教师数量配置、质量配置和流动趋势中存在问题的原因
第六章	构建现阶段我国义务教育阶段教师资源配置合理性和有效性标准	运用系统科学的目标理论、公共产品理论、效用理论，结合我国现阶段义务教育发展的主要目标，构建我国义务教育阶段教师资源配置的合理性和有效性标准
第七章	探寻我国义务教育阶段教师资源均衡配置的策略	首先从部分外国政府为促进教师资源配置所采取的措施入手，回顾我国政府为促进我国教师资源配置所做出的努力，最后提出促进我国义务教育阶段教师资源均衡配置的策略

二 研究方法

（一）文献法

文献综述法（literature review method）是指收集用文字、图形、符号、声频、视频等技术手段记录的人类知识，在综合、概括、总结的基础上进行描述、评述和重新建构的方法。[①] 本书首先收集"义务教育均衡发展"、"教师资源配置"方面的文献资料，对所获得的资料进行综合、概括、总结；而后在此基础上对国内外"义务教育均衡发展"与"教师资源配置"的相关研究进行描述、评价、建构，并针对这些已有研究中存在的问题或需要延伸的研究领域，选定研究方向，进行进一步的和深入的研究。

（二）定量分析法

定量分析法（quantitative analysis method）是对社会现象的数量特征、数量关系与数量变化进行分析的方法。[②] 本书在文献分析和理论研究的基础上，特别强调精确性，重视定量分析。因为教育科学的研究，在传统的思辨方式研究基础上，特别需要精确化作为补充。著名科学史学家萨顿指出："任何一种知识，除非使之精确化（条件所允许的），否则是没有价值的。"[③] 而精确性通常用数量来表达，因此本书中，收集并处理了大量的数据，以期精确地表达所要描述的内容，突出所研究内容的科学性。

（三）系统科学的思想、系统分析的方法

系统科学是以系统为研究和应用对象的一门科学。系统是由相互联系、相互作用的要素（部分）组成的具有一定结构和功

---

① 卢晓旭：《基于空间视角的县域义务教育均衡测评问题研究》，博士学位论文，南京师范大学，2011 年，第 14 页。

② 同上。

③ 金吾伦：《自然观与科学观》，知识出版社 1985 年版，第 23 页。

能的有机整体。① 本研究将教师资源问题纳入到义务教育系统中，义务教育纳入到整个教育系统中，将教育系统纳入到社会大系统中，研究各个因素在不同系统中的相互联系和相互作用。

运用系统分析的方法分析系统的基本过程如下：

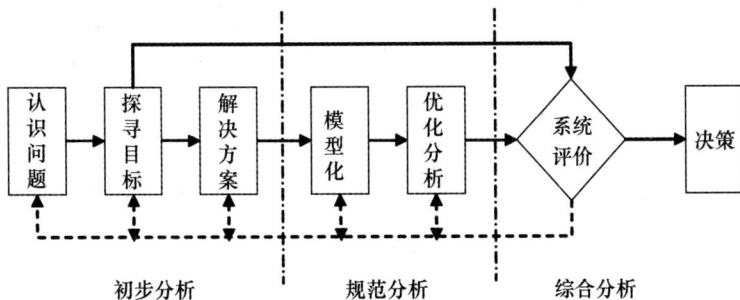

初步分析　　　　　规范分析　　　　　综合分析

---

① 百度百科：《系统科学》（http：//baike. baidu. com/view/80024. htm）。

第 二 章

各国的教育公平问题及其
相关研究

现在世界各国对教育公平的研究，基本上都始于詹姆斯·S.科尔曼（Coleman，James. S.）、托尔斯顿·胡森（Torsten Husen）和克里斯托夫·詹克斯（Christopher Jencks）。科尔曼提出的判断教育是否平等的四条标准：（1）进入教育系统的机会均等，这是指社会应向人们提供某一规定水平的免费教育，即为所有儿童，不论背景，提供进入同样学校学习共同课程的机会。（2）参与教育的机会均等，即不同社会出身的组别，有相同比例的人数，能够得到同样的教育机会，并且在质和量上都得到相等的教育参与。（3）教育结果均等，这是指不同的社会群体都有一定比例的人，从每学年的教育进程和整体的教育经验中得到相似的教育成效。（4）教育对生活前景机会的影响均等，指的是通过教育来克服人的出身、性别等自然不平等和社会经济等方面的差别，取得相近的社会成就。① 胡森认为，就个体而言，教育平等可以有三个方面的含义：（1）个体的起点平等，指每个人都有不受任何歧视地开始其学习生涯的机会。（2）中介性阶段的平等，指的是以各种不同但都以平等为基础的方式来对待每

① 袁振国：《论中国教育政策的转变：对我国重点中学平等与效益的个案研究》，广东教育出版社 1999 年版，第 67—69 页。

一个人，不论其所属人种、阶级和社会出身等情况。（3）个体最终目标的平等，指学业成就上的平等，也可以认为是上述三个方面综合的平等。① 相对于科尔曼和胡森从教育平等的角度出发来思考教育公平问题，詹克斯主要是从教育不公的主要表现形式来理解教育公平的概念，在《不平等：对美国家庭与学校教育影响的再评价》一书中，詹克斯列出了下面三个结论：（1）教育资源的不均等。不同的个人之间与不同群体之间，所获得的国家教育资源十分不均等。（2）学生入学机会的不均等。进入低成本学校的人（初等与中等教育）比进入高成本学校的人（学前与高等教育）更为符合均等的原则。（3）学生选择课程的机会不均等。即使所有的教育都免费，也不足以让人们实际受教育的机会达到均等。②

第一节　不同国家的教育公平问题及其相关研究

一　美国的教育公平问题及其相关研究

美国的公共教育发展体系相对比较完善，"一战"后普及了初等义务教育，"二战"后普及了中等教育，保证了人人平等的受教育权。而后，以苏联发射第一颗人造卫星为契机，开始关注教育质量的提升，增加了教材的难度和授课的时间，实施英才教育。2002年，小布什政府颁布了《不让一个儿童落后法案》（NCLB），其核心内容之一也就是要关注学生的学业成绩，法案的主要精神就是，如何通过不懈努力，提高所有学生的学业成绩，弥合处境不良的少数民族学生、贫困

---

① 翁文艳：《教育公平与学校选择制度》，北京师范大学出版社2003年版，第8页。

② 安晓敏：《教育公平的指标体系研究——基于义务教育校际差距的实证分析》，博士学位论文，东北师范大学，2008年，第12页。

家庭儿童等弱势群体与白人家庭儿童的学业差距。学者们研究的重点是如何通过教育政策，提高少数民族学生、贫困家庭学生的学业成绩。

由于数学课程一直是美国中小学教育中的核心课程，所以对学业成功机会的公平研究中，数学课程教学中的公平问题成为一个热点问题。全美教师协会（National Council of Teachers of Mathematics）在20世纪末期颁布了四个重要的数学课程标准（简称：NCTM1989、NCTM1991、NCTM1995、NCTM2000），这四个标准均对数学教育的公平问题给予了极大的关注，强调"要让全体学生在数学上享有公平发展的机会"[1]。在分析影响教育公平的因素过程中，坎贝尔（Campbell）、西尔弗（Silver）等通过综合其他学者的研究指出，如果教师想要能够达成面向不同学生的公平性教学，财政因素是重要的基础。[2] 阿米斯（Ames）认为，公平的教学过程和实践是影响教育公平的重要因素，应使每个学生真正参与到课堂教学中。[3] 在促进学业公平发展的措施方面，塔特（Tarter）、比林斯（Billings）等学者通过实验研究提出了一些促进特定群体学生归属感的教学策略。哈特（Hart）则通过为非裔美国学生、墨西哥裔美国学生等提供与其文化背景相关的"情境化数学"课程。[4]

---

[1]　NCTM, *Curriculum and evaluation standards for school mathematics*, 2004 – 12 – 12（http：//links. jstor. org/sici？sici = 0040 – 5841％28200121％2940％3A2％3C93％3A％22FAHDW％3E2. 0. CO％3B2 – 7）.

[2]　S. T. Lubienski, "Problem solving as a means toward mathematics for all：an exploratory look through a class lens", *Journal for Research in Mathematics Education*, Vol. 31, No. 4, 2000.

[3]　C. Ames, "Classrooms：Goals, structures, and student motivation", *Journal of Educational Psychology*, Vol. 84, No. 2, 1992.

[4]　Laurie E. Hart, "Returning to the root：A culturally relevant approach to mathematics pedagogy theory into practice", *Journal of Educational Psychology*, Vlo. 34, No. 3, 1995.

当前，为了提升公立学校的竞争力，切实提高学生的学业成绩，除了在公立学校内部系统设立"特许学校"① （charter school）外，还通过强化家长选择学校的权力和能力，研究制定"教育券"②制度，以此推进教育公平。从而，"特许学校"和"教育券"也是目前学者们的一个研究热点问题。比如有学者研究"特许小学"的有效性③及其与普通公立学校的区别④；研究"教育券"制度的影响、实施现状和问题⑤等。

---

① 特许学校是一种由政府出资、社会组织和个人办学的特殊性质的公立学校，它通常要与教育主管部门签订特许协议，保证学生的学业成绩符合要求，以此换取更多的自治权利。特许学校自开办以来在学生学业成绩提高方面取得了显著成效，因此发展很快，目前全美已经有 4000 多所。[美]《教育周刊》，《奥巴马的教育蓝图》，教育科学出版社 2010 年版，第 67 页。

② 所谓"教育券"，是指家长可以凭借有价证券在政府批准的任何学校（包括公立和私立）支付子女的学费和其他教育费用。马健生、孙珂：《美国教育公平的当代追求及其启示》，《比较教育研究》2011 年第 10 期，第 16—21 页。

③ Kevin Andrews and Michael Rothman, *Cultivating Innovation: How a Charter/District Network Is Turning a Professional Development Into Professional Practice*, Bloomington, Phi Delta Kappan, March 2002, p. 510.

④ Chester E. Finn, Jr. and Marci Kanstoroom, *Do Charter School Do It Differently?* Bloomington, Phi Delta Kappan, September 2002, pp. 59 – 62.

⑤ Margaret Gibelman, Vicki Lens. Entering the debate about school vouchers: A social work perspective. Children & Schools, 2002, 24 （4）: 207 – 221; Houston, Paul D., *School vouchers: The latest California joke*, Bloomington, Phi Delta Kappan. September 1993, pp. 61 – 65; Steven Hayward, "The neighborhood effect of school choice". *Policy Review*, 1999, p. 93: 47; John F. Witte, *The Market Approach to Education: an Analysis of America's First Voucher Program*, Princeton University Press, 2000, pp. 229 – 251.

二 OECD 典型国家的教育公平问题及其相关研究

OECD 是经济合作与发展组织（Organization for Economic Co-operation and Development）的简称，由 30 个市场经济国家组成的政府间国际经济组织，旨在共同应对全球化带来的经济、社会和政府治理等方面的挑战，并把握全球化带来的机遇。[①]

OECD 成员国对教育公平的研究重点也在于学生的学业成绩差异上，经合组织定期会对成员国学生的学业成绩进行测试。最近几年的测试结果显示：芬兰学生不仅成绩极为优异而且学生成绩的均衡度极高，主要表现在，与其他成员国相比，尽管学校内部学生成绩之间的差异依然比较大，但学校与学校之间学生的学业成绩差距最小。[②] 因此，国外学者对芬兰教育公平问题的研究，关注的是芬兰的经验，芬兰如何在短期内建构一个比较公平的教育系统[③]，其促进教育公平的管理政策[④]，实践中促进学业公平的各种机制[⑤]，特别是其独具特色的

[①] http://zhidao.baidu.com/question/50750861，目前经合组织共有 30 个成员国，它们是：澳大利亚、奥地利、比利时、加拿大、捷克、丹麦、芬兰、法国、德国、希腊、匈牙利、冰岛、爱尔兰、意大利、日本、韩国、卢森堡、墨西哥、荷兰、新西兰、挪威、波兰、葡萄牙、斯洛伐克、西班牙、瑞典、瑞士、土耳其、英国、美国。

[②] Pasi Sahlberg, *Finnish Lessons: What can the world learn from educational change in Finland?* Teachers College, Columbia University, 2011, pp. 56 – 80.

[③] Grubb, N., *Dynamic inequality and intervention: lessons for a small country.* Phi Delta Kappan, October 2007, pp. 105 – 114.

[④] OECD (2005), "Equity in Education Thematic Review: Finland Country Note" (http://www.oecd.org/dataoecd/49/40/36376641.pdf, 2006 – 9 – 12).

[⑤] 皮拥军：《OECD 国家推进教育公平的典范——韩国和芬兰》，《比较教育研究》2007 年第 2 期。

临时、永久两种特殊教育帮助系统［这个系统不是针对残疾儿童，而是具有特殊需要的儿童，在 2008—2009 年间，在公立学校（peruskoulu）注册的学生中，有 1/3 的学生都登记进入其中的一种特殊教育系统，进行语言表达、阅读、写作、数学、外语学习等的特殊辅导①］更是激起了众多学者的研究兴趣。

英国在 20 世纪 90 年代之前的理念是"提高教育标准来择优汰劣，差学校最终会被淘汰"，其结果是学校之间的两极分化越来越严重。90 年代后，布莱尔政府针对由于教育问题而导致的众多现实问题，提出了"消弭教育差异，实现教育公平"等有利于教育均衡发展的教育主张。并于 1997 年发表了名为《追求卓越的学校教育》（Excellence in School）的教育白皮书，指出今后的教育改革将着眼于大多数学生，而不是少数学生，并将学生学业表现不良的教育薄弱地区和薄弱学校作为改革的突破口。学者们研究的侧重点是社会处境不利的学生的学业成绩与平均水平的差距以及造成这种差距的内在原因，还有，1998 年秋以来英国政府为了提高教育弱势地区（disadvantaged areas）的教育质量而实施的"教育行动区计划"的实施效果。②

20 世纪六七十年代，韩国经济的高速发展带来了教育规模的急剧扩大，教育内部出现了局部的基础设施不足，合格教师缺乏，学校之间出现了办学条件不均等问题，学者们主要的研究对象就是如何通过扩大私人教育投入，建立适合韩国国情的教育投

---

① Pasi Sahlberg, *Finnish Lessons*：*What can the world learn from educational change in Finland*？Teachers College, Columbia University, 2011, p. 47.

② 贺武华：《英国"教育行动区"计划改造薄弱学校的实践与启示》，《教育科学》2006 年第 3 期。

资体系,① 如何改革"财政体制"、"考试制度"、"教师流动制度"等,大力改善办学条件和师资水平,促进教育内部资源的均衡配置。②

日本在促进教育公平发展方面除了制定法律（比如《学校教育法》、《公立义务教育学校的班级编制及教职人员编制标准》）以保障义务教育均衡发展的经费外,对义务教育学校的选址、占地面积、校舍面积、师资水平、实验设备、图书配备等均提出明确要求；其中特别为各国学者津津乐道的是"教师流动制度"（1949 年日本就制定了《教育公务员特例法》,规定中小学教师的定期流动属于"公务员人事流动"范畴③）。学者们在讨论教师资源公平配置的问题中,往往以经验的方式讨论日本的教师定期流动制度。

三　部分发展中国家的教育公平问题及其相关研究

"发展中国家",通常是指那些经济社会发展和人民生活水平相对较低,尚处于从传统农业社会向现代工业社会转变过程中的国家。④ 主要的发展中国家有：中国、印度、巴西、非洲各国、亚洲各国及地区（除日本、中国香港和台湾、韩国、新加坡、以色列以外）、东欧各国、拉丁美洲各国,其中中国、印度、巴西、南非被誉为金砖四国。⑤

---

① Korean Educational Development Institute, "Brief Statistics on Korean Education" (http: //cesi. kedi. re. kr, 2006 – 8 – 10) .

② Shin – Bok Kim：《韩国教育模式的变革与发展》,《教育发展研究》2005 年第 10 期。

③ 李文英、史景轩：《日本义务教育均衡发展的实现途径》,《比较教育研究》2010 年第 9 期。

④ 彭刚、黄卫平主编：《发展经济学教程》,中国人民大学出版社2007 年版, 第 2 页。

⑤ 百度百科：《发展中国家》(http: //baike. baidu. com/view/35156. htm)。

　　印度的教育公平问题也是比较突出的，主要原因是印度的宗教、语言、社会团体、种姓和部落具有多样性，同时还存在大面积的贫困、文盲等现实问题。印度教育公平的突出问题是处境不利群体的教育问题，这些群体主要包括表列种姓、表列部落和其他落后阶层，而且所占的人口比例还是比较大的（1980年印度中央政府的"落后阶层委员会"发表的统计显示，上述三类群体分别占总人口的16.5%、8.5%和52.4%[①]）。印度政府在总体财力有限的条件下，通过各种发展计划和项目，从保证教育的可获得性、扩大教育覆盖面、减少因出身带来的教育不公等方面做出了不断努力。与存在的问题相适应，学者们的研究重点是"印度的农村教育"[②]、"印度的落后阶层、少数民族教育"[③]、"男女教育差距"[④]等问题。

　　南非是另一个比较有代表性的发展中国家。南非有黑人、白人、有色人和亚洲人四大种族，他们分别信奉基督教或天主教、印度教、伊斯兰教及原始宗教等。南非有11种官方语言。南非国民经济各部门发展水平、地区分布不平衡，收入分配不均。而且自1948年起，南非全面推行种族隔离制度，按种族、地理和意识形态划分为19个不同的教育部门，并建立了黑人、白人、有色人和印度人4种教育体制，实行"分散管理"和"学校分离"，这造成南非各族，尤其是黑人与白人之间文化教育水准相差极为悬殊。为了切实保障"人人

---

　　① 杨洪：《印度弱势群体教育发展与政策的研究》，博士学位论文，北京师范大学，2006年，第6—8页。

　　② 李平：《20世纪80年代以来印度农村教育改革》，硕士学位论文，云南师范大学，2005年，第9—12页。

　　③ 瞿葆奎：《印度、埃及、巴西教育改革》，人民教育出版社1991年版，第305—306页；安双宏：《印度落后阶级受高等教育的机会》，《比较教育研究》2002年第8期。

　　④ 王长纯：《印度教育》，吉林教育出版社2000年版，第259页。

都有接受基础教育的权利"，实现"纠正和公平"的目标，
南非通过采取许多措施来推进学校教育的均衡发展。其中，
采用"均衡分配公式"①，制定"国家学校经费规范和标准"②，
实施"免费教育行动"和"学校营养计划"③ 等，是一些力度比
较大、收效比较明显的具体机制和措施。目前南非的教育公平问
题的研究侧重点仍然是"种族"、"性别"、"地区"、"弱势群
体"的教育发展问题以及各项推进教育均衡发展的政策实施效果
的分析与评价。

　　总的来说，与发达国家不同，发展中国家的教育公平问题，
突出地表现为人民的受教育权利还未得到全面的保护和落实，不
同人群间的受教育水平差距较大；教育公平问题与历史、种族、
性别等因素复杂地纠结在一起。

---

　　① 该公式根据国家收入中各省所占的份额对南非各省的收入进行分
配，反映了几个省级变量，包括学龄人口规模和公立学校学生入学数量、
教育和医院设施中对资金需求的分布、各省农村人口规模，以及根据贫困
指标确定的社会保障基金涉及的人口规模等。DoE, Education in South Af-
rica：Achievements since 1994. Pretoria：Department of Education, South Afri-
ca. May 2001. 16，18，19.

　　② 该标准主要是为分配非人员经常性经费（包括电力、学生的习
题书、教科书、设备、一些建筑物的非突发性维修等费用）提供了一
个框架，目的是使各省之间在学校非人员经费支出方面能够取得平等，
并进行贫困纠正。DoE, Education in South Africa：Achievements since
1994. Pretoria：Department of Education, South Africa. May 2001. 16，
18，19.

　　③ 丁秀棠：《南非推动义务教育均衡发展的主要机制与措施分析》，
《比较教育研究》2007 年第 3 期。

第二节 我国的教育公平问题及研究

一 我国的教育公平问题

（一）我国近十年经济发展迅速，人均国民生产总值不断提升

表2—1　　　　　2001—2010年人均国民生产总值的变化

年份	国民生产总值（亿元）	总人口（万人）	人均国民生产总值（元）	美元与人民币汇率	人均国民生产总值（美元）
2001	108068	127627	8468	8.28	1023
2002	119096	128453	9272	8.28	1120
2003	135174	129227	10460	8.28	1264
2004	159587	129988	12277	8.28	1483
2005	183619	130756	14043	8.19	1714
2006	215884	131448	16424	7.97	2060
2007	266411	132129	20163	7.60	2652
2008	315275	132802	23740	6.95	3417
2009	341401	133450	25583	6.83	3745
2010	403260	134091	30074	6.77	4443

数据来源：国民生产总值、总人口数来源于中华人民共和国统计局《中国统计年鉴》（2011），2—1、3—1；美元与人民币的汇率来源于百度文库，"美元对人民币的每年年平均汇率统计表（1986—2010）"（http://wenku. baidu. com/view/a54b64205901020207409c8f. html）；表中的人均国民生产总值（元）和人均国民生产总值（美元）是根据有关数据计算得出。

为了更加清晰地表示人均国民生产总值的变化趋势，作2—1图：

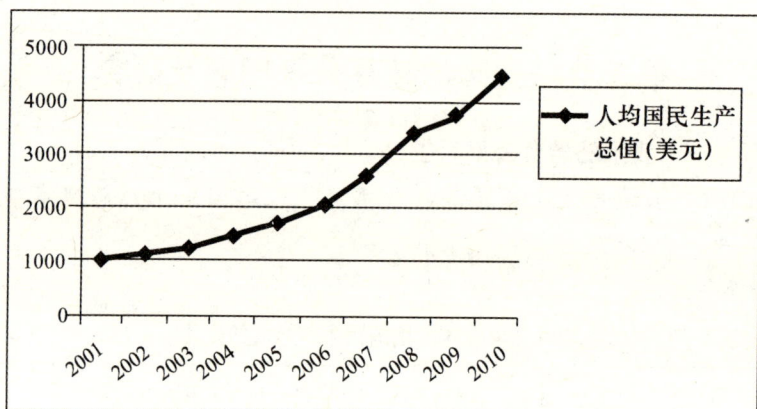

图2—1　2001—2010年人均国民生产总值（美元）

由图2—1可以看出，我国的经济近十年持续增长，且增长速度很快。

（二）不同人群收入之间的差距在扩大

1. 城乡之间的收入差距在扩大

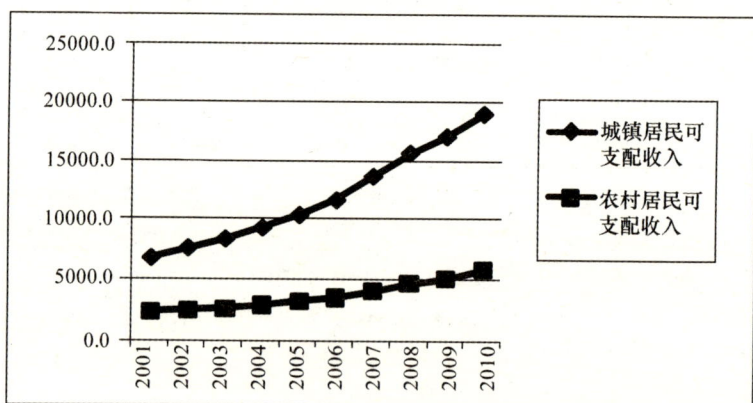

图2—2　2001—2010年城镇和农村居民可支配收入

数据来源：国民生产总值、总人口数来源于中华人民共和国统计局《中国统计年鉴》（2011），10—2。

由图 2—2 中曲线可以看出：（1）2001—2010 年，城镇居民家庭的可支配收入增长速度高于农村居民家庭可支配收入的增长速度。（2）城镇居民家庭和农村居民家庭的可支配收入曲线之间的距离越来越大，表示其收入差距的绝对值一直在扩大。例如，2001 年，城镇居民的家庭可支配收入是6859.6 元，农村是 2366.4 元，相差 4493.2 元；2002 年，差距是 5227.2 元，2003 年是 5858.0 元，2004 年是 6485.2 元，2005年是 7238.1 元，2006 年是 8172.5 元，2007 年是 9645.4 元，2008 年是 11020.1 元，2009 年是 12021.5 元，2010 年是 13190.4元。[①]

2. 地区之间居民的收入差距在扩大

随着经济的发展，各地区之间，特别是东部地区与中部、西部和东北地区居民的收入差距在不断加大。

表2—2　　　　东部、中部、西部及东北地区
城镇居民人均年收入（元）

年份	东部	中部	西部	东北
2005	14584.6	9393.22	9418.36	9295.57
2006	16380.39	10572.94	10443.01	10489.81
2007	18544.97	12392.21	12130.66	12306.17
2008	20965.49	14061.73	13917.01	14162.02
2009	23153.21	15539.39	15523.03	15842.64
2010	25773.29	17302.96	17309.03	17688.18

数据来源：国民生产总值、总人口数来源于中华人民共和国统计局《中国统计年鉴》（2011，2010，2009，2008，2007，2006），10—6、10—8。

---

① 原始数据来源：国民生产总值、总人口数来源于中华人民共和国统计局《中国统计年鉴》（2011），此数据根据原始数据计算得出。

　　为了更清楚地表示中西部、东北地区与东部地区的城镇居民人均收入差距，作图 2—3：

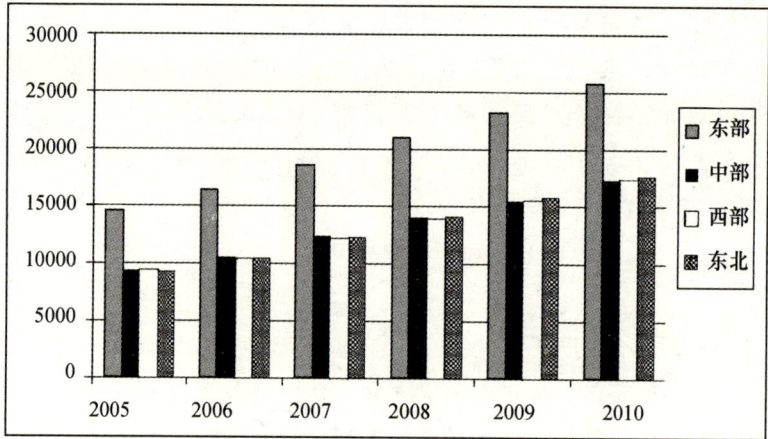

图 2—3　2005—2010 年中西部、东北地区与
东部地区的城镇居民收入差距

　　由图 2—3 可以看出，（1）中部地区、西部地区和东北地区的城镇人均年收入曲线基本重合，表示这三类地区城镇居民人均年收入基本相当；（2）中部地区、西部地区和东北地区城镇居民人均年收入曲线与东部地区城镇人均年收入曲线之间的距离逐渐增大，表示这些地区与东部地区相比，差距在近些年没有缩小，反而有扩大的趋势。如果考虑到农村，这个差距还可能进一步扩大。

　　3. 不同行业之间的收入差距扩大

　　除此而外，不同行业、不同阶层之间的收入差距也在扩大，社会阶层有固化的趋势。

表2—3　　　　　2003—2011 年不同行业平均工资（元）

年份	合计	农林牧渔业	建筑业	信息传输、计算机服务和软件业	住宿和餐饮业	金融业
2003	13969	6884	11328	30897	11198	20780
2004	15920	7497	12578	33449	12618	24299
2005	18200	8207	14112	38799	13876	29229
2006	20856	9269	16164	43435	15236	35495
2007	24721	10847	18482	47700	17046	44011
2008	28898	12560	21223	54906	19321	53897
2009	32244	14356	24161	58154	20860	60398
2010	36539	16717	27529	64436	23382	70146
2011	41799	19469	32103	70918	27486	81109

数据来源：中华人民共和国统计局编：《中国统计年鉴》（2012），中国统计出版社 2002 年版，第 4—15 页。

　　为了更清楚地表示不同行业就业人员的工资收入差距，作图2— 4：

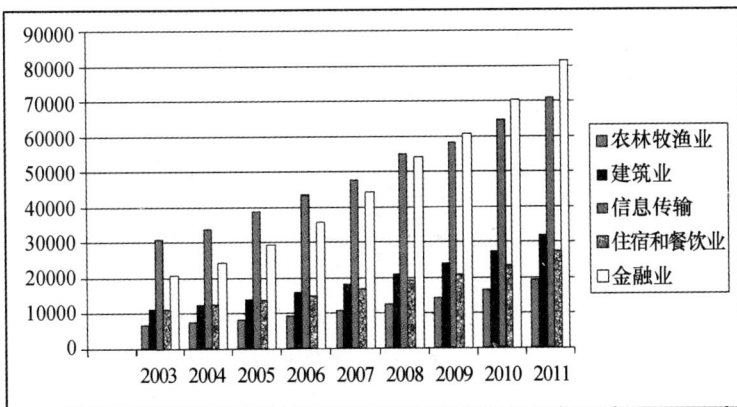

图2— 4　2003—2011 年不同行业年平均工资变化

从图2—4可以清楚地看出，2003—2011年，农林牧渔业、建筑业、住宿和餐饮业就业人员的年平均工资一直在增长，但增长的速度远远低于计算机信息软件业和金融业就业人员的年平均工资，不同行业之间的工资差距在不断扩大。

（三）经济的差距映射到教育领域，导致教育公平的恶化

在教育领域，低的经济收入所引起的资源剥夺、社会排斥和脆弱应对亦必导致人们受教育权利和机会的失衡。与其他社会阶层相比，低收入家庭在政治、经济、文化资源上均处于劣势地位，其子女在资源转化机制中通常属于被排斥的弱势群体，被隔绝在优质教育机会之外。不平等的最大维持理论（MMI）和不平等的实质维持理论（EMI）认为，由于教育机会总是被社会优势阶层子女占据，教育机会的不平等在最大限度上被维护着。除非教育机会的扩大足以充分满足优势社会阶层的教育需求，否则教育机会的扩张并不会导致弱势群体升学机会的改善。[1]

而教育机会或者优质教育机会总是处于稀缺状态，富裕家庭有充足的经济资源将子女送往收费高、质量好的私立学校。即便在就近入学的公办教育体系中，高教育品质的公办学校也往往位于优势社会阶层聚居的区域之中。[2] 吴晓刚的研究表明，1990—2000年的10年间，我国弱势群体子女获得的教育机会不仅没有

---

① Raftery Adrian E. , "Michael Hout. Maximally Maintained Inequality: Expansion, Reform, and Opportunity in Irish Education", *Sociology of Education*, Vol. 66, 1993; Lucas Samuel R. , "Effectively Maintained Inequality: Educational Transitions and Social Background", *American Journal of Sociology*, Vol. 106, 2001; Hout Michael, "Maximally Maintained Inequality and Essentially Maintained Inequality: Crossnational Comparisons", *Sociological Theory and Methods*, Vol. 21, No. 2, 2006.

② Cookson Peter, C. Persell. *Preparing for Power: America's Elite Boarding Schools*, New York, Basic Books, 1985, pp. 13 - 30.

随着教育机会的扩张而得到增加，反而出现了下降。①

同时，相关的实证研究也显示，我国改革开放 30 余年来，不同社会阶层获得重点高中的教育机会中，政府管理者、专业人员家庭子女所占比例一直保持优势，企业管理者家庭子女所占比例持续上升，工人家庭子女所占比例持续下降。② 高中教育的阶层分化十分明显，中上阶层的子女更容易进入重点中学，而中下阶层的子女则更多分布于普通中学，并且这种阶层分化直接延续到高等教育机会的获得中。③ 诸多类似研究也显示出家庭背景与学生高中阶段就读学校类型之间存在着高度相关性④，家庭社会经济地位与个人接受高等教育之间存在显著的相关性⑤。

因此，可以说，作为最大的发展中国家，我国教育公平所呈

---

① 吴晓刚：《1990—2000 年中国的经济转型、学校扩招和教育不平等》，《社会》2009 年第 5 期。

② 杨东平：《中国教育发展报告（2009）》，社会科学文献出版社 2009 年版，第 198 页。

③ 郭丛斌、闵维方：《家庭经济和文化资本对子女教育机会获得的影响》，中国教育经济学年会会议论文集，2005 年，第 367—379 页。

④ 梁雪峰、乔天文：《城市义务教育公平问题研究——来自一个城市的经验数据》，《管理世界》2004 年第 4 期；方长春、风笑天：《阶层差异与教育获得——一项关于教育分流的实证研究》，《清华大学教育研究》2005 年第 26 卷第 5 期；方长春、风笑天：《家庭背景与学业成就——义务教育中的阶层差异研究》，《浙江社会科学》2008 年第 8 期；陈友华、方长春：《社会分层与教育分流——一项对义务教育阶段"划区就近入学"等制度安排公平性的实证研究》，《江苏社会科学》2007 年第 1 期。

⑤ Guppy, Pendakur, "The Effects of Gender and Parental Education on Participation within Post – secondary Education in the 1970s and 1980s", *The Canadian Journal of Higher Education*, Vol. 19, No. 1, 1989; Hayden, Carpenter, "From School to Higher Education in Australia", *Higher Education*, Vol. 20, No. 2, 1990; W. Sander, "The Effects of Ethnicity and Religion on Educational Attainment", *Economics of Education Review*, Vol. 11, No. 2, 1992.

现的状态是：虽然人民的受教育权利基本落实，但不同人群、不同地区、城乡之间、不同阶层之间的教育水平差距比较大，教育公平的问题与历史、种族、性别等因素复杂地纠结在一起。

二 我国学者对教育公平问题的研究

我国学者对教育公平问题的研究可以归纳为几个方面：对教育公平概念的研究，对我国教育公平现状的研究，对影响我国教育公平的因素的研究，以及促进教育公平的政策研究。

（一）我国学者对教育公平概念的研究

我国学者对教育公平概念的探讨，是以詹姆斯·S. 科尔曼（Coleman，James. S.）撰写的科尔曼报告、托尔斯顿·胡森（Torsten Husen）提出的教育机会平等观和克里斯托夫·詹克斯（Christopher Jencks）对不平等现象的分析为基础的。

近年来，随着国内教育公平问题的日益突出，学者关于教育公平问题的研究越来越多，"教育公平"、"教育平等"、"教育均衡"等出现的频率很高。直接对"教育公平"下定义的代表性概念有：教育公平是社会公平价值在教育领域的延伸和体现，是指处于同一社会的个体，在入学机会、教育过程及受教育的结果上都应该是平等的，任何受到区别对待或条件不均等都被视为教育机会的不均等[1]；教育公平包括教育权利平等和教育机会均等两个基本方面[2]；教育公平有三个层次：观念上的教育公平，即对教育市场公平和教育社会公平的一种主观的价值判断；教育市场公平，即一种使教育效率达到最大化的教育资源的最佳配置；教育的社会公平，即财富和收入的平等，对学生而言，教育的社

---

① 郑淮：《略论我国的社会分层变化及其对教育公平的影响》，《华南师范大学学报》（社会科学版）1999 年第 2 期。

② 杨东平：《对我国教育公平问题的认识和思考》，《教育发展研究》2000 年第 8 期。

会公平，就是指学生已有的受教育程度和一定时期内所受教育程度的平等，教育程度不仅应包括量的方面，更重要的是应指质的方面。[①]

顾明远教授对教育权利平等（Equality of Educational Rights）给出了解释，即指人们不受政治、经济、社会地位和民族、种族、信仰及性别差异的限制，在法律上都享有同等受教育的权利。[②]

教育机会均等（Equality of Educational Opportunity）概念的歧义颇多，众说纷纭，莫衷一是，是教育公平问题讨论中人们使用最多而又理解最贫乏的一个概念。[③] 谢维和认为教育机会均等的实质应该是一种人的基本权利的均等，指的是每一个社会成员在自然、社会或文化方面的不利条件均可以在教育中得到补偿[④]；杨东平认为教育机会均等是指不同人群所获得的教育机会与其在总人口中所占的比例大致相等，教育机会的获得不因性别、种族、地区、阶层而不同[⑤]；石中英认为，教育机会均等首先是可能性平等，即人们特别是青少年儿童享受同等的或接受某种教育的可能性，不受任何的社会排斥或歧视；其次是权利平等，即不考虑人们特别是青少年儿童个体间生理的、社会的和心理的差异性，根据法律赋予他们同等的接受某种教育的权利，禁止任何的社会排斥或歧视；第三是相对的平等，即不存在一种绝

---

① 郑晓鸿：《教育公平界定》，《教育研究》1998 年第 4 期。

② 顾明远：《教育大辞典·教育哲学卷》，上海教育出版社 1992 年版，第 100 页。

③ 石中英：《教育机会均等的内涵及其政策意义》，《北京大学教育评论》2007 年第 5 卷第 4 期。

④ 谢维和：《教育活动的社会学分析——一种教育社会学的研究》，教育科学出版社 2000 年版，第 45—56 页。

⑤ 杨东平：《高中阶段的社会分层和教育机会获得》，《清华大学教育研究》2005 年第 3 期。

对的、静止的、放之四海的教育机会均等；第四是部分平等，即
这里的教育机会均等主要是指公共教育，而非家庭教育、私立教
育及其他非正规教育①。

在义务教育阶段，"教育均衡"的概念使用得更加广泛，学
者们在讨论教育均衡的概念时往往会谈及均衡的测试指标。翟博
在讨论教育均衡发展的指标时指出，教育均衡的内涵可以从下面
几个层次来理解：从教育资源的配置看，教育的"硬件"设施
包括教育经费投入、校舍、教学实验仪器设备等的配置均衡，教
育的"软件"包括教师、学校内部管理等的配置均衡；从教育
的目标看，学生在德、智、体、美、劳等方面均衡发展、全面发
展；从教育的功能看，教育所培养的劳动力在总量和结构上与经
济、社会的发展需求达到相对的均衡。② 于建福则从科尔曼教育
公平的角度阐述教育均衡发展可包含相互联系的三层含义：一是
确保人人都有受教育的权利和义务；二是提供相对平等的接受教
育的机会和条件（主要包括学习条件的均等，即在教学内容、教
育经费、教育设备、师资水平等方面有相对均等的条件，学生在
教育的过程中受到平等的对待）；三是教育成功机会和教育效果
的相对均等。每个学生接受教育后都应达到一个最基本的标准，
都能获得学业上的成功，在德、智、体、美等方面实现全面发
展。③ 杨东平在构建我国教育公平评价指标时也指出，在义务教
育阶段实施"均衡发展"的方针，体现了义务教育以公平为主
的价值取向，包括三个层面：一是区域之间的均衡发展；二是区
域内部学校之间的均衡发展；三是群体之间的均衡发展，特别是

---

① 石中英：《教育机会均等的内涵及其政策意义》，《北京大学教育评
论》2007 年第 5 卷第 4 期。

② 翟博：《教育均衡发展：理论、指标及测算方法》，《教育研究》
2006 年第 3 期。

③ 于建福：《教育均衡发展：一种有待普遍确立的教育理念》，《教育
研究》2002 年第 2 期。

弱势群体的发展。①

（二）对教育公平现状与成因的研究

教育不公平的现状研究是我国学者研究教育公平的一个热点问题。学者们沿袭教育发展水平或者教育均衡的测试指标，从不同的角度，对我国教育不公平的现状进行分析。其中有学者运用杨东平建构的区域之间的均衡、区域内部学校之间的均衡以及群体之间的均衡指标（特别是弱势群体的教育水平）。也有学者从受教育机会、教育资源配置的角度分析义务教育均衡的发展。但更多的是将两个指标体系综合起来。比如研究义务教育均衡问题，可以从大框架上分为区域均衡、区域内的校际均衡以及群体之间的均衡。在测试的过程中，可以通过测试教育机会和条件是否均等。具体地，在基础教育阶段，常常用学生入学率、城乡学生入学率差异和城乡男女入学率差异测试学生入学机会的均等。从公共教育经费、生均教育经费、生均预算内教育经费投入，以及学校校舍面积、图书资料仪器和教师合格率测试教育资源配置是否公平。用学生毕业率、辍学率、巩固率，以及教育普及率等测试义务教育结果是否公平②。得出的结论主要有：我国各地区之间基础教育的差距总体出现缩小态势，义务教育入学率，各地区中小学教师合格率差距不断缩小；我国各地小学和初中生均经

---

① 杨东平、周金燕：《我国教育公平评价指标初探》，《教育研究》2003 年第 11 期。

② 翟博：《中国基础教育均衡发展实证分析》，《教育研究》2007 年第 7 期；李慧勤、刘虹：《县域间义务教育均衡发展的影响因素及对策思考——以云南省为例》，《教育研究》2012 年第 6 期；翟博：《教育均衡发展：理论、指标及测算方法》，《教育研究》2006 年第 3 期；卢晓旭：《基于空间视角的县域义务教育发展均衡性测评研究——以江苏省常熟市为例》，博士学位论文，南京师范大学，2011 年，第 54—56页；杨东平、周金燕：《我国教育公平评价指标初探》，《教育研究》2003 年第 11 期。

费城乡差异随着时序的变化还在拉大，而小学和初中生均预算内经费城乡差异正在随着时序变化在减小；现实中我国中小学校之间的教育投入差距还相当大；我国不同群体之间接受基础教育还很不均衡。造成我国基础教育不均衡的主要原因是基础教育资源配置不均衡。由于高等教育的教学过程和学业成就的测试比较难操作，而且目前我国高等教育的突出矛盾是入学机会，所以测试高等教育阶段的教育公平问题常用的指标就是高等教育的入学机会，通常会研究高等教育入学率城乡差异、高等教育入学率地区差异、高等教育入学率性别差异和高等教育入学率阶层差异。[①]得出的结论是，我国高等教育的入学机会从表面上看，城乡差异、性别差异、地区差异在逐渐缩小，但内在的差异逐渐扩大，比如在进入一流大学的机会上，农村学生的比率在逐年下降，所学专业也以农林或基础学科为主；理工科大学、师范类大学、医科大学等性别比例严重失衡；人们对一流大学的地域歧视越来越不满；阶层差异日益突出[②]，农民子女与工人、党政干部、企业管理人员和专业技术人员子女进入高等学校的可能性之比为 $1:2.5:17.8:12.8:9.4$。[③]而影响高等教育入学机会不均等的主要原因是高等教育制度，华中师范大学张应强教授就明确指出："目前我国高等教育领域出现的非公平现象大多源于高等教育的制度性障碍，是高等教育大众化过程中的制度性缺失所导致

---

① 谈松华、袁本涛：《教育现代化衡量指标问题的探讨》，《清华大学教育研究》2001 年第 1 期；杨东平、周金燕：《我国教育公平评价指标初探》，《教育研究》2003 年第 11 期。

② 戴海东、易招娣：《和谐社会视域下的阶层流动与高等教育公平》，《教育研究》2012 年第 8 期；高丽：《教育公平与教育资源配置》，中国社会科学出版社 2009 年版，第 58 页；杜永红：《论我国高等教育大众化中的机会不均等》，《西南师范大学学报》（人文社会科学版）2006 年第 2 期。

③ 张玉林：《从数字看教育不公》，《中国改革》2004 年第 12 期。

的必然现象。"①

（三）对促进教育公平的制度和政策研究

学者们对于教育政策的研究是对教育公平问题研究的另一个热点。教育制度和政策研究包括教育制度和政策的理论与实践研究，教育制度和政策的历史与现实研究，教育制度和政策的比较研究，教育制度和政策的内容、过程、结果研究，教育制度和政策的分析和评价等。其中，关于某个教育制度或者政策与教育公平的关系研究是教育研究的一个新的生长点。因为在中国，政策就是最大的资源。"相对于缩小历史形成的发展差距而言，通过制度安排和政策调整来增进社会公平，是更为容易实现的。"②现实中的教育不公平在很大程度上是由于教育政策以及由教育政策延伸出来的教育法规、制度、机制的缺失和不完善、不健全造成的。③

教育制度和政策的研究热点是"就近入学"、"限人数、限分数、限钱数"政策、"教育经费的投入制度"、"重点学校制度"、"分级办学制度"（农村推行分级办学制度，即实行县办高中、乡办初中、村办小学，相应的办学经费分别由县、乡镇和村支付，而城市的办学经费则由城市政府拨款）、"统一高考、分省定额划线录取"、"高等教育成本补偿制度"等制度和政策。

---

① 张应强、马廷奇：《高等教育公平与高等教育制度创新》，《教育研究》2002 年第 12 期。

② 杨东平：《教育公平的理论和在我国的实践》，《东方文化》2000 年第 6 期。

③ 朱金华：《教育公平 政策的视角》，硕士学位论文，吉林大学，2005 年，第 29 页。

第三节　教师资源配置问题的相关研究

在所有教育资源中，教师资源又是最活跃的因素，是教育活动最为核心要素。相对于高等教育公平而言，我国目前义务教育公平的矛盾更加突出，而教师资源的均衡配置是义务教育公平的基础和前提，所以目前关于"教师资源配置"问题的研究，也主要集中在义务教育阶段。

学者们对义务教育阶段教师资源配置问题的研究，总体上有以下几个方面：理论上探讨教师资源配置与义务教育均衡的关系；我国义务教育阶段教师资源的配置现状与存在问题；提高我国义务教育阶段教师资源均衡配置的途径。

一　理论上探讨义务教育均衡发展与教师资源配置的关系

从理论上，国内外学者们一致认为教师资源是比硬件资源更为重要的资源。琳·奥尔森（Lynno Olsen）指出，技能娴熟、知识渊博的教师的确能够在影响学生学业成绩方面呈现出很大的差异。[1] 各种关于教师与学生学业成绩关系的研究结果对公众产生了重要影响，因此 90% 的美国人认为，除了校园安全之外，"确保每一个教室都有高素质的教师"是提高学生学业成绩的最重要措施。[2] 管培俊指出："推进义务教育均衡发展，瓶颈在师资配置；解决人民群众所特别关心的择校等热点、难点问题，也无不与师资有关。"[3] 王秋丽也提出，教师资源的数量和质量决

---

[1]　Lynno Olson, "Finding and Keeping Competent Teachers", *Education Week*, Vol. 3, 2000.

[2]　赖秀龙：《区域性义务教育师资均衡配置的政策研究》，博士学位论文，华东师范大学，2011 年，第 9 页。

[3]　管培俊：《以科学发展观指导教师队伍建设的认识论和方法论问题》，《教育研究》2009 年第 1 期。

定了教育资源的数量和质量；教师的质量决定了义务教育的质量；义务教育的差距就是教师的差距，义务教育"择校"的实质就是"择师"。①

二　实证分析我国教师资源的现状与存在问题

在分析我国教师资源配置现状的过程中，学者们常常用教师的学历、职称、年龄、性别、学科结构、生师比等六个方面的指标来衡量②；也有学者提出分层的指标，比如文东茅指出，学校之间师资水平的差异表现在众多方面，概括来说，数量、质量以及结构是衡量师资配置是否均衡的三个基本范畴，这属于第一层指标，而每个范畴又可以细化为不同的衡量指标。其中，教师数量可以从教职工总数、生师比等方面进行衡量；教师质量难以衡量，但可以从教师的学历、资历、职称等方面得到大致的反映；而教师的结构可以从职称结构、性别结构、年龄结构、学历结构等方面进行分析。③

学者们对现状的研究以"地区差距"、"城乡差距"、"区域内校际之间的差距"为主，运用数据说明教师资源配置在区域、城乡以及学校之间的差异。

有代表性的研究及结论主要有：翟博通过实证分析对中小学教师的学历情况进行了比较研究，指出虽然当前我国各地区中小学教师学历合格率标准差和差异系数正随着时序变化而在不断缩小，各地区城乡之间中小学教师学历合格率差异也正在逐步减小，但其分布的不均衡依然显著，尤其是同一区域内不同类别的

---

① 王秋丽：《义务教育教师资源的均衡配置是义务教育公平的基础和前提》，《科技信息》2009年第6期。

② 周彬：《我国城乡教师均衡配置的实证分析》，范国睿：《教育政策观察》（第1辑），华东师范大学出版社2009年版，第183—196页。

③ 文东茅：《义务教育师资配置均衡化的政策选择》，《教育理论与实践》2001年第11期。

中小学之间师资的学历水平存在较大的差异。[1] 周彬根据上海市 2005 年的统计数据，从教师学历、年龄结构、性别结构、学科师资结构四个方面对上海市城市、县镇、农村的师资配置情况进行了分析，结果表明师资配置在这四个方面都还存在着不同程度的城乡差距。[2] 周冬祥以"二元结构"为切入点，对武汉市中小学教师资源配置进行了分析，得出的结论是城乡教师队伍的年龄结构、学历结构、高级职称分布、优质资源（获得市级以上，含市级专业荣誉称号）分布等均存在较大的城乡差异。[3] 教育部教育发展研究中心课题组的一份研究报告表明，从全国情况和课题组的专项调查来看，义务教育教师资源在年龄结构、学历结构、职称结构、专业对口、教学水平等五个方面都存在较为明显的城乡差距。[4] 沈有禄通过 2003—2006 各年《中国教育统计年鉴》中的原始数据，对全国各省区市普通小学生师比、全国各省区市普通小学专任教师学历和全国各省区市小学专任教师职称进行了分析，得出我国普通小学的教师资源在各地区间的相对差距在生师比上呈增大趋势，专任教师学历达标率呈减小趋势，专任教师中专科及以上学历教师比例、小学一级以上职称教师比例、小学高级及以上职称教师比例呈逐年减小趋势；在生师比及专任教师学历达标率上城乡差不太明显，在专任教师中专科及以上学历教师比例、小学一级以上职称教师比例、小学高级及以上职称教师

---

① 翟博：《教育均衡论：中国基础教育均衡发展实证分析》，人民教育出版社 2008 年版，第 199、220、226 页。

② 周彬：《我国城乡教师均衡配置的实证分析》，范国睿：《教育政策观察》（第 1 辑），华东师范大学出版社 2009 年版，第 183—196 页。

③ 周冬祥：《二元结构型城市教师资源配置的现状分析与对策研究——以武汉市中小学教师资源配置分析为例》，《教育与经济》2008 年第 3 期。

④ 杨银付、韩民：《以教师资源的均衡配置促进义务教育均衡发展》，《中小学管理》2008 年第 2 期。

比例的城乡差距则比较明显。①

三 理论上分析教师资源配置存在问题的原因

对于为什么我国教师资源配置中会存在诸多问题，学者们众说纷纭，普遍认为这是一个很复杂的历史问题。但在众多影响因素中，有两个因素讨论比较热烈：一个是经济因素，即经济发展的不平衡直接导致了教师资源配置的不均衡；一个是制度因素，学者们认为某些社会制度、教育制度和教育政策在一定程度上加剧了教师资源配置的不均衡。曲铁华、马艳芬认为我国基础教育师资不均衡是一个社会历史问题，建国初期短时间内建立起来的庞大师资体系无法胜任新中国的教育工作，致使之后几十年内义务教育的师资质量总体不达标，教育质量低下，更对义务教育师资的分布和整体质量产生了极大的影响，而地方经济发展的不均衡、偏重效率的重点学校制度则进一步加剧了师资的非均衡配置。② 陈俊坷则认为造成义务教育师资配置不均衡发展的原因是多方面的，主要体现在以下几个方面：地方经济发展不平衡导致教育供给存在差异；中小学重点学校制度加剧了学校之间师资力量的差距；"城市中心"的政策导向致使教师资源配置错位。③周东祥认为受城市内部二元经济结构的影响，城市社会也相应地呈现二元社会结构特征，以此为基础的教育也相应地呈现出类似的二元结构特征，从而导致教育人力资源、物力资源和财力资源的配置呈现出两极分化现象，尤其是城乡师资

---

① 沈有禄、谯欣怡：《全国分地区普通小学教师资源配置差异分析》，《教育与经济》2010 年第 2 期。

② 曲铁华、马艳芬：《建国后我国基础教育师资非均衡发展研究》，《教育科学》2006 年第 6 期。

③ 陈俊坷：《基础教育教师资源均衡发展的现状分析及对策》，《教育导刊》2006 年第 4 期。

队伍优化配置和有效利用方面存在着明显两极化差异现象。①

四　探讨促进教师资源配置的策略

　　学者们普遍认为，形成我国教师资源配置不均衡的原因是复杂的，促进师资均衡配置所涉及的问题远比改造校舍、增添教学设备、改善教育教学设施等教育物质资源均衡配置的问题复杂得多，需要经历一个长期的过程。比如谈松华认为我国义务教育城乡之间、区域之间发展不均衡是一个历史性问题，师资配置不均衡状况的形成也不是一蹴而就的，历史原因造成的不均衡问题不好解决，要把师资均衡配置作为一个过程来考虑。② 王剑荣指出教育均衡发展最关键的一环是师资力量的均衡配置，但在实践中，师资均衡配置是一个难题。它涉及教师的整个制度体系，如职称制度、工资制度、任用制度等，仅靠强行、简单的行政命令是难以解决问题的。③

　　在具体措施方面，学者们从不同的角度给出了一些建议。第一，宏观层次上，通过提高西部教师的待遇，吸引并稳定更多的人才。赵世超、司晓宏认为国家应该建立西部艰苦边远地区中小学教师津贴制度，并由中央财政转移支付这部分经费，且其额度不应是点缀的、象征性的，而应具有较大的力度。④ 第二，一定区域内建立有效的教师流动制度。由于种种原因长期以来中小

---

①　周冬祥：《二元结构型城市教师资源配置的现状分析与对策研究——以武汉市中小学教师资源配置分析为例》，《教育与经济》2008 年第3 期。

②　谈松华：《对教师资源均衡配置政策设计的几点思考》，《中小学管理》2008 年第 2 期。

③　王剑荣：《推进义务教育均衡发展的探索》，《学校管理》2002 年第 4 期。

④　赵世超、司晓宏：《关于在西部地区建立教师特殊津贴制度的思考与建议》，《教育研究》2002 年第 5 期。

学优秀教师大多集中在所谓的好学校，如各种重点学校、示范学校、窗口学校等，这就使得薄弱学校与好学校之间师资力量的差距越拉越大。为此，要破除过去长时间形成的利益集团，建立教师轮岗制度，以平衡城乡之间、学校之间的师资力量，缩小师资差距。[①] 第三，通过东西部之间、城乡之间、区域内校际之间的对口支援合作，提升西部教师、农村学校和其他薄弱学校的质量水平。"送教下乡"、"师徒结对"、"手拉手学校"等方式对现实中教师资源的均衡发展起到了积极作用。[②]

在讨论促进我国义务教育均衡的发展问题时，有学者开始强调，义务教育的均衡发展并不是简单的促进公平，也不是简单的均等发展。义务教育均衡的目标并不只是着眼于促进公平，缩小差距，还要提高整体水平，要求公平和质量并重，目的在于"给每个学生提供更加公平和更高质量的教育"[③]。教育均衡发展不能简单地理解为均等发展，均衡是动态的而不是静态的，相对的而不是绝对的。均衡发展的过程是整体办学条件和水平提升的过程。[④] 与此相适应，教师资源的均衡配置，并不是把高水平的学校拉下来，以"削峰填谷"的形式把师资重新平均分配到各个学校，也不是要把师资按学历、职称、性别、年龄等要素重新来一次平均分配，恰恰相反，均衡发展是鼓励发展快的学校继续提高质量和水平，带动质量较低的学校共同发展，提高质量，从而

---

① 宋松：《我国义务教育区域内均衡发展研究——以安徽省铜陵市为个案》，博士学位论文，苏州大学，2006 年，第 36—39 页。

② 李振村：《为了每一个孩子的幸福成长——山东省寿光市教育均衡发展透视》，《人民教育》2002 年第 3 期；文东茅：《义务教育师资配置均衡化的政策选择》，《教育理论与实践》2001 年第 11 期。

③ 褚宏启、高莉：《义务教育均衡发展评估指标与标准的制订》，《教育发展研究》2010 年第 6 期。

④ 翟博：《教育均衡发展：理论、指标及测算方法》，《教育研究》2006 年第 3 期。

让每一位适龄儿童享受到质量基本均等的教育。

第四节　国内外研究述评

总的来说，国内外学者关于教育公平研究已经从宏观研究向微观研究过渡，从关注机会公平转向教育过程和条件的公平，教育结果的公平。而在关注教育过程和条件公平的研究中，特别强调了教师资源配置的均等，进而有部分学者开始就"教师资源的配置问题"做专项研究，而在我国，对教师资源配置问题的研究主要集中在义务教育阶段。

一　国内外教育公平问题研究述评

尽管不同国家、不同时代教育公平研究的重点有所不同，但国内外关于教育公平的研究从未停止过。这些研究中既有理论的探讨，又有实证的分析，研究的范围也包括了城乡教育差距、弱势群体的教育问题、地区教育的差异等，研究对象既包括了义务教育，又包括了高等教育，还有的包括了高中教育，这些研究和探索的成果，不仅深化了教育公平的理论研究范围，同时也对缓解我国的教育公平现状起到了积极的作用。

发达国家对教育公平问题的研究已经不再是理念、思想的多角度、多维度辨析，而是研究"学生学业成绩"，研究科学测量学生学业成绩的方法，分析影响学生学业成绩的原因以及提高学生学业成绩的措施。

发展中国家学者对教育公平的研究仍然没有完全跳出不同人群、不同地区、城乡之间的教育水平差距等宏观教育公平问题；数量维度的教育公平问题仍然是学者研究的主要课题，而质量上的公平问题又凸显，所以也有少数学者开始关注教育过程中的条件公平甚至结果公平。

我国学者在研究教育公平的过程中主要存在的问题有：

（1）对与教育公平相关的概念使用比较随意。尽管就不同角度讨论教育公平问题的文献很多，但却很少从理论上对"教育公平"这一概念进行明确的界定。大多数学者在研究中虽然使用的是"公平"这个概念，但却仍然关注的是群体之间的"不平等"问题，对"教育公平"、"教育机会均等"、"教育平等"、"教育均衡"等概念的使用比较随意。

（2）在研究过程中，学者们更多地从社会科学的角度进行研究，实证方法的使用也仅仅限于分析教育公平的各种表现形式，分析教育不公平的程度，教育公平问题的研究缺乏自然科学相关方法的支撑；而且，在考察教育公平问题的外部环境中，学者虽然从理论上分析经济、政治、民族特点等对教育公平的影响，以期解决现实中教育公平的突出问题，并没有将教育公平问题纳入教育系统中，没有将教育系统纳入社会经济系统乃至整个社会系统中，用系统科学的思想和系统工程的方法深入分析。

二　国内外教师资源配置问题研究述评

学者们主要是针对具体的问题情境分析师资均衡配置的内容，整体上勾勒出了师资均衡配置的内容框架，即可以从师资数量、质量与结构的分布情况着手缩小师资水平的差距，实现师资的均衡配置。也对不同地区、不同情境下师资配置不均衡的主要问题与表现形式进行了研究，表明地区之间、城乡之间以及学校之间师资配置存在较大差距，且是一种比较普遍的现象。

对教师资源配置问题的研究，存在的主要问题有：

（1）对师资均衡配置的内涵理解还存在一定偏差。很多学者在研究中没有深刻认识到"均衡不是平均"，"教师资源的均衡是一个长期的系统工程"。

（2）对师资配置不均衡与教育公平的关系仅限于理论讨论，教师素质是通过什么样的途径、怎样作用于教育公平？师资配置不均衡会怎样影响义务教育等问题还需具体、深入地研究。

（3）学者们在分析教师资源配置现状及存在问题后，没有对这种现象或问题存在的经济合理性进行探讨，更多的是解释这种现象的不合理性及其可能导致的后果。

（4）学者们提出的促进教师资源均衡配置的建议或设想，对于师资均衡配置具有重要的意义，但是也有研究主要是针对不同问题提出了一些不同层面的对策或建议，还没有把研究的对象上升到一定的高度进行理论反思与系统分析。

总的来说，学者们对于教育公平和教师资源配置的研究，从研究方法上说，哲学思辨性的研究较多，实证研究相对比较少；从研究结果来看，经验总结性和比较借鉴性的研究较多，临时性、突击性、行政命令性的做法比较多，缺乏长远规划、理论指导和制度安排；从研究的学科视角来看，人们一般从哲学、经济学、法学、政策学、社会学等多学科视角，但极少从系统科学等自然科学的角度研究；从研究对象的范围来看，一般性、全局性、区域性的研究很多，但着眼于师资均衡配置的专门性研究都还很不够。

第 三 章

教师素质与教育公平关系的 ISM 模型

以往的研究中，都直接提到了教师资源配置对教育公平的影响，但到底为什么教师资源的配置对教育公平至关重要，学者们往往从思辨的角度去回答。本章采用系统工程的方法，通过分析影响教育公平的各种因素以及影响途径，深入探讨教师队伍的素质与教育公平的关系、教师素质对教育公平的影响路径等问题。

第一节　影响教育公平的因素

一　不同学者对影响教育公平的因素分析

学者们从不同的角度探讨了影响教育公平的因素。

早期研究教育公平问题的科尔曼报告就影响白人学校学生学业成就差异因素的重要性进行了排序，其中最重要的因素是社会经济背景差异，其次是教师素质的差异，而设备和课程的差异是最不重要的因素。该重要性因素排序与黑人学校相同。[①] 李强认为，教育发展水平区域差异的原因是经济发展水平、教育投入水

---

① ［美］珍妮·H. 巴兰坦：《教育社会学：一种系统分析法》，江苏教育出版社 2005 年版，第 90 页。

平、管理体制和教育政策。① 司晓宏总结我国东西部教育发展不平衡的原因主要有自然环境差异、区域经济发展不平衡和教育政策上的偏差三个方面。② 刘钊认为长期以来对效率的优先考虑是教育发展水平区域差异加大的原因，同时，经济发展水平直接制约了教育发展水平。中央教科所教育政策分析中心认为，影响义务教育均衡发展的主要因素有国情和各地经济社会发展的差距、城乡二元结构、基础教育分级管理体制、重点学校政策、不统一的评价标准，还有体制性障碍等。③ 杨颖秀从资源配置政策、成本核算政策、绩效评估政策等政策视角分析了我国义务教育发展不均衡的原因：一是我国经济社会的非均衡发展战略使资源配置错位；二是以县为主的教育投入方式与国际惯例和事实上义务教育应该由政府、家庭、社区、其他机构多方投入相错位；三是农村义务教育标准低于城市，教育政策中的城市取向等带来的绩效评估政策的错位。④ 谈松华认为，社会经济、科技发展水平，文化发展程度和文化氛围，社会信息化和大众传播媒介的普及程度，社区环境，学生家庭和家长的文化背景，教育的历史基础，教育经费投入，办学设施条件，师资水平，以及教育政策等的差异是各地教育质量水平不均衡的影响因素。⑤ 翟博和于建福都认为我国教育发展不均衡的原因主要有三个方面：一是我国各地经

① 李强、吴中元：《天津市教育发展区域差异分析》，《东南大学学报》（哲学社会科学版）2008 年第 10 期。

② 司晓宏、王华：《教育财政转移支付与义务教育均衡发展》，《陕西师范大学学报》（哲学社会科学版）2006 年第 2 期。

③ 中央教育科学研究所教育督导与评估研究中心（执笔人刘芳、史亚娟）：《我国义务教育县域均衡持续推进中》，《中国教育报》2009 年 12 月 2 日第 4 版。

④ 杨颖秀：《基础教育均衡发展的政策视点》，《教学与管理》2002 年第 22 期。

⑤ 谈松华：《论我国现阶段的教育公平问题》，《教育研究》1994 年第 6 期。

济文化发展极不平衡；二是教育政策导向或偏差的制度性因素，人为地加大了地区之间、城乡之间、学校之间教育资源配置的不公和失衡；三是计划经济模式下，层层设置的"重点学校"制度，以及各地进行的"示范学校"、"窗口学校"建设，将本来就有限的教育资源过多地集中在了重点学校，人为拉大了学校之间的差异，加剧了基础教育内部资源配置的失衡。[1] 于建福还认为，师资力量如学历达标率和教育教学能力、教育经费投入、教育过程中享受的物质资源是导致地区间学生入学率、保留率和教育质量地区失衡的具体原因，区域之间教育观念、教育标准、教育方法、评价标准的差异也是导致教育失衡的原因。[2] 毕正宇强调，不合理的师资配置是义务教育均衡发展的主要障碍之一。[3]

二 影响教育公平的主要因素梳理

结合不同领域专家学者的研究成果，我们将影响教育不公平的因素归纳为经济水平、社会环境、文化传统、国家发展规划、教育制度、教师素质等六个方面。

（一）经济水平

学者们在分析影响教育公平的因素时，几乎都提到了经济的发展水平对教育发展水平的影响。不同地区之间、家庭之间、城乡之间经济水平的差异都会反映到教育领域。经济水平对教育公平有直接的影响，它在一定程度上影响社会环境、文化传统。

---

① 翟博：《教育均衡发展：现代教育发展的新境界》，《教育研究》2006 年第 3 期；于建福：《教育均衡发展：一种有待普遍确立的教育理念》，《教育研究》2002 年第 2 期。

② 于建福：《教育均衡发展：一种有待普遍确立的教育理念》，《教育研究》2002 年第 2 期。

③ 毕正宇：《论教师资源合理配置与义务教育均衡发展之关系》，《天中学刊》2004 年第 4 期。

（二）社会环境

主要包括了社会结构、社会不良风气、社会信息环境发展程度、社会的主流意识形态等。比如城乡二元社会结构会加剧城乡之间的教育差距；而由于社会竞争和选择的存在，弱势地区、弱势学校的有限资源会不断流向强势地区和强势学校；在我国，由于"择校"等问题的体现，通过权力的运作直接为子女争取到较好的受教育机会也是很普遍的。社会环境对教育公平的影响是通过教育制度而体现出来的；同时，社会环境在一定程度上影响文化传统，影响着教育制度的制定和教师素质的提高。

（三）文化传统

包括传统文化、民族文化等。传统文化中的性别文化会直接引起男女两性之间的教育差距，民族文化中的语言文化、宗教文化会直接导致民族之间的教育差距。文化传统对教育公平的影响是直接的，但受经济发展水平的制约，同时，文化传统对教师素质有影响。

（四）国家发展规划

国家发展规划对教育公平的影响着重体现在国家宏观发展政策对教育的重视程度和扶持程度，它对教育公平的影响是通过教育制度体现出来的，影响着教育制度的制定，教师素质的高低。

（五）教育制度

教育制度对教育资源配置影响比较大，可以在一定程度上加大或缩小经济水平、国家发展规划等因素引起的教育差距。它对教育公平的影响是直接的，同时教育制度还影响社会环境、文化传统、教师素质等。

（六）教师素质

教师素质对教育公平的影响是直接的，教师的态度、教师的水平等对不同阶段的教育公平均产生巨大影响。但教师素质受社会环境、传统文化、国家发展规划、教育制度等的制约。

第二节　我国教育不公平成因的 ISM 模型

一　确定有关要素，建立邻接矩阵，得到可达矩阵

在这里，根据以上分析，把各要素和要解释的目标——教育不公平进行编号，根据不同要素与被解释目标之间的关系，编号如下：（1）教育不公平；（2）经济水平；（3）社会环境；（4）文化传统；（5）国家发展规划；（6）教育制度；（7）教师素质。

（一）建立邻接矩阵

设要素集为：$S = \{S_i\}$，$i = 1$，$\cdots$，n。如果要素集内任意两个不同的要素存在二元关系，则属于二元关系集 R_b，$R_b = \{(S_i, S_j)\}$，$i, j = 1$，$\cdots$，n，$i \neq j$。邻接矩阵 A 是表示系统要素间基本二元关系或直接联系的方阵。若 $A = (a_{ij})_{n \times n}$，则其定义为：

$$a_{ij} = \begin{cases} 1, (S_i, S_j) \in R_b \\ 0, (S_i, S_j) \notin R_b \end{cases}$$，建立邻接矩阵 A[①]，

$$A = \begin{array}{c} \\ s_1 \\ s_2 \\ s_3 \\ s_4 \\ s_5 \\ s_6 \\ s_7 \end{array} \begin{array}{c} \begin{array}{ccccccc} S_1 & S_2 & S_3 & S_4 & S_5 & S_6 & S_7 \end{array} \\ \left[\begin{array}{ccccccc} 0 & 0 & 0 & 0 & 0 & 0 & 0 \\ 1 & 0 & 1 & 1 & 0 & 0 & 0 \\ 0 & 0 & 0 & 1 & 0 & 1 & 1 \\ 1 & 0 & 0 & 0 & 0 & 0 & 1 \\ 0 & 0 & 0 & 0 & 0 & 1 & 1 \\ 1 & 0 & 1 & 1 & 0 & 0 & 1 \\ 1 & 0 & 0 & 0 & 0 & 0 & 0 \end{array} \right] \end{array}$$

（二）得到可达矩阵

构建可达矩阵有两种方法：一种是邻接矩阵加上单位矩阵，

---

① 矩阵中的二元关系并不完全准确，只是按照经济学理论进行的定性分析，在后面的章节里，会验证这些二元关系的真实性。

经过至多（$n-1$）次演算后可得：$A_1 = (A+I)$，$A_2 = (A+I)^2$，…，最后当 $A \neq A_{r-1}$，但 $A = A_r$ 时，$A_{r-1} = (A+I)^{r-1} = M$，则 M 就为可达矩阵；另一种方法是通过分析可达矩阵推移特性，直接有效地得到可达矩阵。由于本研究中所涉及的要素并不是很多，矩阵不大，所以采用的是第一种方法，得到如下的可达矩阵：

$$
M = \begin{array}{c} \\ s_1 \\ s_2 \\ s_3 \\ s_4 \\ s_5 \\ s_6 \\ s_7 \end{array}
\begin{array}{ccccccc}
S_1 & S_2 & S_3 & S_4 & S_5 & S_6 & S_7 \\
\left[\begin{array}{ccccccc}
1 & 0 & 0 & 0 & 0 & 0 & 0 \\
1 & 1 & 1 & 1 & 0 & 1 & 1 \\
1 & 0 & 1 & 1 & 0 & 1 & 1 \\
1 & 0 & 0 & 1 & 0 & 0 & 1 \\
1 & 0 & 1 & 1 & 1 & 1 & 1 \\
1 & 0 & 1 & 1 & 0 & 1 & 1 \\
1 & 0 & 0 & 0 & 0 & 0 & 1
\end{array}\right]
\end{array}
$$

二　区域的划分

区域划分就是将系统的构成要素集合 S，分割成关于给定二元关系 R 的相互独立的区域。首先以可达矩阵 M 为基础，划分要素 $S_i (i = 1, 2, \cdots, n)$ 中有明显特征的要素。有关要素的集合主要如下：

（1）可达集 $R(S_i)$。系统要素 S_i 的可达集是在可达矩阵 M [$M = (m_{ij})_{n \times n}$]中由 S_i 可以达到的诸系统要素所构成的集合。其定义式为：

$R(S_i) = \{S_j | S_j \in S, m_{ij} = 1, j = 1, 2, \cdots, n\}$，$i = 1, 2, \cdots, n$。

（2）先行集 $A(S_i)$。系统要素 S_i 的先行集是在可达矩阵 M 中由可以达到 S_i 的诸系统要素所构成的集合。其定义式为：

$A(S_i) = \{S_j | S_j \in S, m_{ji} = 1, j = 1, 2, \cdots, n\}$，$i = 1, 2,$

…, n。

（3）共同集 $C(S_i)$。系统要素 S_i 的共同集是 S_i 在可达集和先行集中的交集。其定义式为：

$C(S_i) = \{S_j \mid S_j \in S, \ m_{ij} = 1, \ m_{ji} = 1, \ j = 1, 2, \cdots, n\}$，$i = 1, 2, \cdots, n$。

（4）起始集 $B(S)$ 和终止集 $E(S)$。系统要素集合 S 的起始集是在 S 中只到达其他要素，而不被其他要素到达的要素所构成的集合，记为 $B(S)$；如果与以上情况相反，则是终止集，记为 $E(S)$。定义是分别为：

$B(S) = \{S_i \mid S_i \in S, \ C(S_i) = A(S_i), \ i = 1, 2, \cdots, n\}$；

$E(S) = \{S_i \mid S_i \in S, \ C(S_i) = R(S_i), \ i = 1, 2, \cdots, n\}$。

表 3—1　　可达集、先行集、共同集、起始集和终止集表

S_i	$R(S_i)$	$A(S_i)$	$C(S_i)$	$B(S)$	$E(S)$
1	1	1, 2, 3, 4, 5, 6, 7	1		1
2	1, 2, 3, 4, 6, 7	2	2	2	
3	1, 3, 4, 6, 7	2, 3, 5, 6	3, 6		
4	1, 4, 7	2, 3, 4, 5, 6	4		
5	1, 3, 4, 5, 6, 7	5	5	5	
6	1, 3, 4, 6, 7	2, 3, 5, 6	3, 6		
7	1, 7	2, 3, 4, 5, 6, 7	7		

在 $B(S)$ 中任取两个要素 b_u、b_v：如果 $R(b_u) \cap R(b_v) \neq \varnothing$，则 b_u、b_v 及 $R(b_u)$、$R(b_v)$ 中的要素属于同一区域；如果对于所有的 u、v 均有此结果，则区域不可分。如果 $R(b_u) \cap R(b_v) = \varnothing$，则 b_u、b_v 及 $R(b_u)$、$R(b_v)$ 中的要素不属于同一区域，系统要素集合 S 至少可被划分为两个相对独立的区域。

同理，利用终止集 $E(S)$ 来判断区域能否划分，只需判定"$A(e_u) \cap A(e_v)$"［e_u、e_v 为 $E(S)$ 中的任意两个要素］是否为空集。

区域划分的结果可记为：$\Pi(S) = P_1$，P_2，$\cdots$，P_k，$\cdots$，P_m，P_k 为第 k 个相对独立区域的要素集合。

根据表 3—1，因为起始集和终止集中都只包含一个要素，所以，不能进行区域划分，或者说，整个集合为一个区域。

三　级位划分

级位划分，就是确定某区域内各要素所处层次地位的过程。这是建立多级递阶结构模型的关键工作。

如果某区域的要素集合为 P，若用 L_1，L_2，$\cdots$，L_l 表示从高到低的各级要素集合（其中 l 为最大级位数），则级位划分过程可写为：$\Pi(P) = L_1, L_2, \cdots, L_l$。

某系统要素集合的最高级要素即该系统的终止要素集。级位划分的基本做法是：找出整个系统要素集合的最高级要素（终止集要素）后，将其去掉，再求剩余要素集合的最高级要素，依次类推，直到确定出最低一级要素集合（即 L_l）。

为此，令 $L_0 = \varnothing$（最高级要素集合为 L_1，没有零级要素），则有：

$L_1 = \{ S_i \mid S_i \in P - L_0, C_0(S_i) = R_0(S_i), i = 1, 2, \cdots, n \}$，

$L_2 = \{ S_i \mid S_i \in P - L_0 - L_1, C_1(S_i) = R_1(S_i), i < n \}$，

$\cdots$

$$L_k = \{S_i \mid S_i \in P - L_0 - L_1 - \cdots - L_{k-1}, C_{k-1}(S_i) = R_{k-1}(S_i), i < n\} \circ$$

表 3—2 　　　　　　　　级位划分过程表

要素集合	S_i	$R(S)$	$A(S)$	$C(S)$	$E(S)$	$\Pi(P)$
$P_1 - L_0$	1	1	1, 2, 3, 4, 5, 6, 7	1	√	
	2	1, 2, 3, 4, 6, 7	2	2		
	3	1, 3, 4, 6, 7	2, 3, 5, 6	3, 6		$L_1 = \{S_1\}$
	4	1, 4, 7	2, 3, 4, 5, 6	4		
	5	1, 3, 4, 5, 6, 7	5	5		
	6	1, 3, 4, 6, 7	2, 3, 5, 6	3, 6		
	7	1, 7	2, 3, 4, 5, 6, 7	7		
$P - L_0 - L_1$	2	2, 3, 4, 6, 7	2	2		
	3	3, 4, 6, 7	2, 3, 5, 6	3, 6		
	4	4, 7	2, 3, 4, 5, 6	4		$L_2 = \{S_7\}$
	5	3, 4, 5, 6, 7	5	5		
	6	3, 4, 6, 7	2, 3, 5, 6	3, 6		
	7	7	2, 3, 4, 5, 6, 7	7	√	
$P - L_0 - L_1 - L_2$	2	2, 3, 4, 6	2	2		
	3	3, 4, 6	2, 3, 5, 6	3, 6		
	4	4	2, 3, 4, 5, 6	4	√	$L_3 = \{S_4\}$
	5	3, 4, 5, 6	5	5		
	6	3, 4, 6	2, 3, 5, 6	3, 6		
$P - L_0 - L_1 - L_2 - L_3$	2	2, 3, 6	2	2		
	3	3, 6	2, 3, 5, 6	3, 6	√	$L_4 = \{S_3, S_6\}$
	5	3, 5, 6	5	5		
	6	3, 6	2, 3, 5, 6	3, 6	√	
$P - L_0 - L_1 - L_2 - L_3 - L_4$	2	2	2	2	√	$L_5 = \{S_2, S_5\}$
	5	5	5	5	√	

级位划分结果为：

$\Pi(P) = L_1, L_2, L_3, L_4, L_5 = \{S_1\},\ \{S_7\},\ \{S_4\},\ \{S_3, S_6\},$
$\{S_2, S_5\}$

根据级位划分，可以划分可达矩阵：

$$M(L) = \begin{array}{c} \\ s_1 \\ s_7 \\ s_4 \\ s_3 \\ s_6 \\ s_2 \\ s_5 \end{array} \begin{array}{c} \begin{array}{ccccccc} S_1 & S_7 & S_4 & S_3 & S_6 & S_2 & S_5 \end{array} \\ \left[\begin{array}{ccccccc} 1 & 0 & 0 & 0 & 0 & 0 & 0 \\ 1 & 1 & 0 & 0 & 0 & 0 & 0 \\ 1 & 1 & 1 & 0 & 0 & 0 & 0 \\ 1 & 1 & 1 & 1 & 1 & 0 & 0 \\ 1 & 1 & 1 & 1 & 1 & 0 & 0 \\ 1 & 1 & 1 & 1 & 1 & 1 & 0 \\ 1 & 1 & 1 & 1 & 1 & 0 & 1 \end{array} \right] \end{array}$$

四　提取骨架矩阵

提取骨架矩阵，也可以说是求缩减可达矩阵和最少边可达矩阵。

通过对可达矩阵 $M(L)$ 的缩约和检出，建立起 $M(L)$ 的最小实现矩阵，即骨架矩阵 A'。由可达矩阵 $M(L)$ 到骨架矩阵 A'，共分三步：（1）检查强连接要素，进行缩减；（2）去除越级二元关系；（3）去除自身到达的二元关系。

强连接要素，即：如果 $R(S_i) \cap A(S_i) \neq \varnothing$，$R(S_i) \cap A(S_i) = \{S_i, S_{-i}\}$，$\{S_{-i}\}$ 中的要素就是 S_i 的强连接要素，$M(L)$ 中 S_3, S_6 为强连接要素。剔除强连接要素得缩减矩阵 $M'(L)$，剔除越级二元关系得缩减矩阵 $M''(L)$。

$$M'(L) = \begin{array}{c} \\ s_1 \\ s_7 \\ s_4 \\ s_3 \\ s_2 \\ s_5 \end{array} \begin{array}{cccccc} S_1 & S_7 & S_4 & S_3 & S_2 & S_5 \\ \left[\begin{array}{cccccc} 1 & 0 & 0 & 0 & 0 & 0 \\ 1 & 1 & 0 & 0 & 0 & 0 \\ 1 & 1 & 1 & 0 & 0 & 0 \\ 1 & 1 & 1 & 1 & 0 & 0 \\ 1 & 1 & 1 & 1 & 1 & 0 \\ 1 & 1 & 1 & 1 & 0 & 1 \end{array}\right] \end{array},$$

$$M''(L) = \begin{array}{c} \\ s_1 \\ s_7 \\ s_4 \\ s_3 \\ s_2 \\ s_5 \end{array} \begin{array}{cccccc} S_1 & S_7 & S_4 & S_3 & S_2 & S_5 \\ \left[\begin{array}{cccccc} 1 & 0 & 0 & 0 & 0 & 0 \\ 1 & 1 & 0 & 0 & 0 & 0 \\ 0 & 1 & 1 & 0 & 0 & 0 \\ 0 & 0 & 1 & 1 & 0 & 0 \\ 0 & 0 & 0 & 1 & 1 & 0 \\ 0 & 0 & 0 & 1 & 0 & 1 \end{array}\right] \end{array}$$

继续剔除自身到达二元关系，得 $M'''(L)$：

$$M'''(L) = \begin{array}{c} \\ s_1 \\ s_7 \\ s_4 \\ s_3 \\ s_2 \\ s_5 \end{array} \begin{array}{cccccc} S_1 & S_7 & S_4 & S_3 & S_2 & S_5 \\ \left[\begin{array}{cccccc} 0 & 0 & 0 & 0 & 0 & 0 \\ 1 & 0 & 0 & 0 & 0 & 0 \\ 0 & 1 & 0 & 0 & 0 & 0 \\ 0 & 0 & 1 & 0 & 0 & 0 \\ 0 & 0 & 0 & 1 & 0 & 0 \\ 0 & 0 & 0 & 1 & 0 & 0 \end{array}\right] \end{array}$$

五 做出递阶有向图

根据缩减矩阵，可建立系统要素递阶结构模型（如图3—1）。

图3—1 中，共把成因系统要素分为 5 级，其中要素 S_2、S_5 处于第 5 级，S_3、S_6 处于第 4 级，S_4 处于第 3 级，S_7 处于第 2 级，S_1 处于

第 1 级。

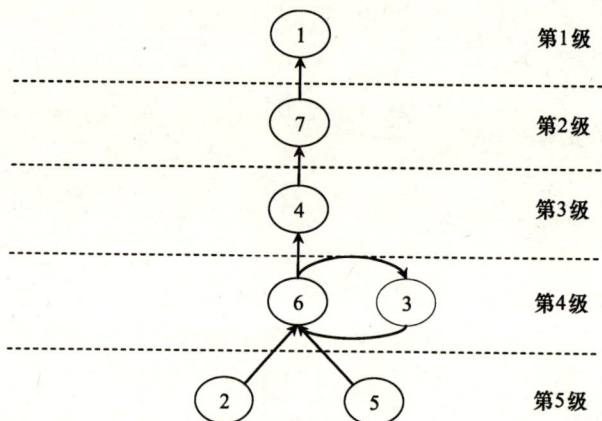

图 3—1　系统递阶结构模型

根据系统的递阶结构模型，获得教育不公平成因的有向图（图 3—2）：

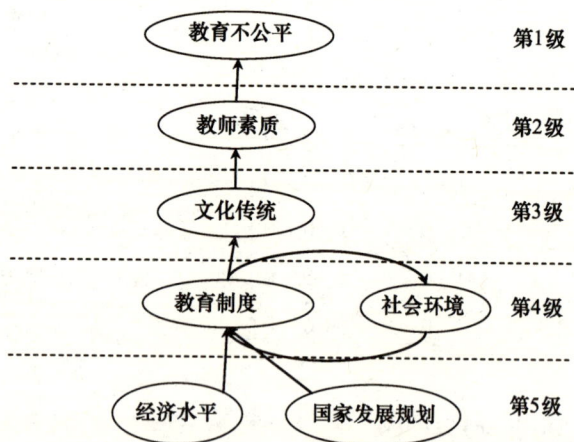

图 3—2　教育不公平成因有向图

第三节　我国教育不公平成因
有向图的说明和分析

一　有向图说明

依据教育不公平成因有向图（如图 3—2），教育不公平的成因要素共分 4 个级位①，标志着对教育公平影响关系远近。

第 1 个成因要素是教师素质。教师素质与教育公平的因果关系最近，直接影响教育是否公平。而其他级位的要素则要通过这个要素，间接对教育公平产生影响。

第 2 个成因要素是文化传统。从图可以观察到，这个要素是通过影响教师素质而影响教育公平的。实际上，根据经济理论和现实情况，该要素也可以直接影响教育公平，但系统工程技术为了分明层次而省略了这种直达的关系。

第 3 个成因要素共有两个，即教育制度和社会环境。它们都是通过影响文化传统，从而影响教师素质，最终影响教育公平的；同时，这两个因素也是互相影响的，用 ISM 的术语讲就是这两个因素是强相关的。现实中，教育制度和社会环境也直接影响教育公平，但通过该方法的分析，间接影响应当是主要的。

第 4 个成因要素有两个：经济水平和国家发展规划。它们都是通过影响社会环境和教育制度而影响教育公平的。

二　有向图分析

（一）对影响因素的再分析

对于任何一个系统，其影响因素都可以划分为外部因素和内

---

① 在递阶结构模型中共有 5 个级位，其中第 1 级位要素代表的是"教育不公平"，除去"教育不公平"之外的要素才是教育不公平的成因要素，因此，在有向图中，教育不公平的成因要素只有 4 个级位。

部因素，教育系统也不例外。这里将影响教育公平的因素也首先从总体上划分为教育系统的外部环境因素和教育系统的内部因素。

结合教育不公平成因的有向图，可以认为：教育系统的外部因素主要有：经济水平、社会环境（腐败、城乡二元结构、竞争意识等）、文化传统（性别歧视、民族文化等）、国家发展规划（主要指对教育的支持和重视程度）；教育系统内部因素主要有：教育制度（导致教育资源配置不公平的教育制度）、教师素质（教师的敬业精神、教师的文化素质等）等。

（二）有向图传达的信息

有向图至少明确地传达了两个信息。

第一，经济水平是影响教育公平的最终因素。经济水平和国家发展规划处于有向图的最底层，而国家发展规划对教育公平的影响是通过国家对教育的重视程度等方式影响，而经济水平对于教育公平的影响才是最为基础的。事实上，在我国经济发展过程中，地区经济的不均衡，城乡经济差异，不同家庭经济环境的差异等，正是造成我国教育不公平的最终原因。

第二，教师素质是影响教育公平的直接因素。在有向图中，教师素质处于第一层，说明（1）"教师素质"因素几乎受到其他所有外部因素和内部因素的制约，造成教师素质差异的原因可能是非常复杂的；（2）所有其他因素要对教育公平产生影响，都要通过教师素质才能实现。换句话说，教师素质对其他因素的影响效果有放大或缩小的作用。

需要说明的是，ISM 建构的成因结构模型分析，仅是一个初步的定性分析，其中的二元关系的确立，依赖于人们的经验，这种逻辑关系的判定比较主观，而且也不能反映不同影响因素的程度大小；同时，从理论角度看，应用 ISM 时，假定各级要素之间是一种递阶结构关系，即级与级之间不存在反馈回路，而现实中，各级要素之间往往是存在着反馈回路的。但即使这样，解释结构模型使我们更加清楚地认识到了问题的本质，教育不公平的终极原因是经济发展的不公平，是国家对教育的重视程度不同而引起的；而相对于其他因素，教师素质对教育公平的影响是基础性的、直接性的，要促进教育的公平发展，必须先从改善教师资源的配置开始。

第 四 章

我国义务教育阶段教师资源
配置现状及问题

　　本章依据系统工程的分析原则和工作程序，运用定性和定量相结合的方法，对我国义务教育阶段教师资源的配置及其存在问题进行系统分析。强调定性分析，是因为教育系统作为社会经济系统的一个子系统，具有社会经济系统结构复杂、不确定因素多、变化快、随机干扰多、数据不充分的特点，应当依据人的智慧和经验判断能力对其进行理论探讨、原则性分析；强调定量分析方法，是因为只有通过事物量变数据的积累和分析，建立模型，才可能通过优化运算和模拟，探索事物发展的质变规律和优化轨迹。

　　在分析过程中，从教师数量、教师质量两个维度选取指标，在质量维度中穿插着教师资源的结构维度。其中数量的测定主要运用生师比，质量维度运用学历和职称，结构维度主要运用年龄、性别、学科结构。总体上分小学和初中两个阶段，讨论地区间的教师资源配置的数量差异，城乡间、同一地区不同学校之间的教师资源配置的质量差异，以及城乡之间教师的变动趋势。

第一节　从数量维度分析我国义务教育阶段教师资源配置

本节从数量维度分析我国小学和初中的教师资源配置状况及存在的问题，运用的主要指标是生师比，分析不同地区之间教师资源配置的数量差异，运用的差异性衡量指标主要有两个。

第一是极差，该指标主要用于测量某项测量指标的最高水平和最低水平的绝对差异，反映的是绝对差异的极端状态。

$$R = Y_{max} - Y_{min}$$

其中，R 为极差，Y_{max} 为某项测量指标的最高水平，Y_{min} 为某项测量指标的最低水平。

第二是标准差，该指标是用于测量教育公平程度的绝对差异指标，其公式如下：

$$S = \frac{\sqrt{\sum_j (Y_j - \overline{Y})^2}}{\sqrt{N}}$$

其中，S 为标准差，Y_j 为某项指标的第 j 个观测值，$\overline{Y}$ 为该项指标的平均值，N 为该项指标的数据量。

一　我国2001—2010年普通初中、普通小学的生师比

根据官方的权威数据，将过去的十年中，我国的师生比情况整理如表4—1。

从表4—1中可以看出，2001—2010年，小学的生师比一直呈下降趋势，10年间一个小学老师平均承担的学生下降了近四个（即从2001年的21.6下降到2010年的17.7）；即使考虑到2001—2003年数据的特殊性（此数据是高中和初中的平均值），初中的生师比也一直呈现下降趋势，平均每个初中老师承担的学生在10年中也下降了三个多（2001年为18.3，2010

年为 14.98）。

表 4—1　　　　我国 2001—2010 年初中和小学生师比

年份	小学	初中
2001	21.6	18.3*
2002	21.0	18.7*
2003	20.5	18.9*
2004	19.98	18.65
2005	19.43	17.80
2006	19.17	17.15
2007	18.82	16.52
2008	18.38	16.07
2009	17.88	15.47
2010	17.70	14.98

注：＊的数据表示普通中学的数据，是高中和初中平均的数据。

资料来源：2001—2003 年的数据来自《中国统计年鉴》（2004），中华人民共和国国家统计局编，中国统计出版社 2004 年版，第 20—34 页；2004—2010 年数据来自《中国统计年鉴》（2011），中华人民共和国国家统计局编，中国统计出版社 2011 年版，第 20—36 页。

二　我国义务教育阶段教师资源数量配置中存在的问题分析

（一）与发达国家相比，我国 2009 年、2010 年的平均生师比已经与之基本相当

美国 2001—2010 年中学、小学的生师比数据如表 4—2：

表4—2　　　　　　　　　　美国2001—2010年的生师比

年份	Elementary/secondary school（小学/中学）
2001	15.9
2002	15.9
2003	15.9
2004	15.8
2005	15.6
2006	15.6
2007	15.4
2008	15.3
2009	15.38
2010	15.97

注：Pupil/teacher ratio（public average）.

资料来源：U. S. Department of Education, National Center for Education Statistics, Common Core of Data（CCD）, "State Nonfiscal Public Elementary/Secondary Education Survey", 2001 - 2002, 2002 - 2003, 2003 - 2004, 2004 - 2005, 2005 - 2006, 2006 - 2007, 2007 - 2008, 2008 - 2009, 2009 - 2010, 2010 - 2011, v. 1a.

从表4—2中的数据还可以看出，与我国不同的是，美国2001—2010年生师比基本稳定，在15.5—16之间，变化的幅度很小。而我国2009年小学的生师比是17.88，2010年是17.7，初中的生师比2009年是15.47，2010年是14.98，而美国2009年、2010年小学和中学的生师比平均值分别是15.38和15.97，介于我国的小学和初中生师比之间。

总的来说，从教师资源的量上来讲，我国与发达国家的差距一直在缩小，近两年差距已经不明显了。

（二）我国生师比的地区差异与美国相比也基本持平

表4—3　　　　　2010年各省小学和初中阶段生师比

地区	小学	初中
合计	17.7	14.98
北京	13.2	10.24
天津	13.56	10.56
河北	16.04	12.45
山西	15.28	14.37
内蒙古	12.6	12.73
辽宁	14.85	12.64
吉林	11.6	12.19
黑龙江	12.42	12.73
上海	15.51	12.51
江苏	15.98	12.5
浙江	19.39	13.87
安徽	18.74	17.1
福建	15.25	12.84
江西	21.0	16.61
山东	16.24	13.37
河南	21.83	16.97
湖北	18.64	13.91
湖南	19.16	12.45
广东	19.7	18.77
广西	19.53	16.88
海南	14.99	16.82
重庆	17.23	16.63
四川	19.37	16.82
贵州	21.9	19.51
云南	18.32	17.32
西藏	15.84	15.66

地区	小学	初中
陕西	14.9	14.1
甘肃	16.89	16.64
青海	19.52	15.32
宁夏	19.68	16.5
新疆	14.45	11.98

资料来源：中华人民共和国教育部官方网站，2010 年教育统计数据（http：//www. moe. edu. cn/）。

从表4—3 可以看出，在全国范围内，我国2010 年小学的生师比是 17.7，生师比最高的是贵州，是 21.9，偏高的还有河南（21.83）、江西（21.0）、广东（19.7）、广西（19.53）、青海（19.52）、宁夏（19.68），最低的是吉林，只有 11.6，偏低的还有北京（13.2）、天津（13.56）、内蒙古（12.6）、黑龙江（12.42），极差是10.3（21.9 − 11.6 = 10.3），即贵州的一个小学老师平均比吉林的一个小学老师多负担 10.3 个学生；初中的情况与小学类似，2010 年，生师比最高的仍然是贵州，是 19.51，偏高的还有广东（18.77）、云南（17.32）和安徽（17.1），最低的是北京（10.24），偏低的还有天津（10.56）、吉林（12.19）和新疆（11.98），极差是 9.27（19.51 − 10.24 = 9.27），即贵州的一个初中老师平均比北京的一个初中老师多负责 9.27 个学生。

总的来讲，我国不同省份之间的生师比差距还是比较大的，也就是说，从量上来讲，我国各省的教师资源配置还是很不均衡的，无论是初中还是小学，生师比高的地区的老师比生师比低的地区的老师，要多负担近 10 个学生。

但是，与美国相比，我国不同省份之间的生师比差异却并不突出。

表 4—4　　　　　**2010 年美国各州的生师比情况**

地区	公立中小学
全国平均	15.97
阿拉巴马（Alabama）	15.31
阿拉斯加（Alaska）	16.17
亚利桑那（Arizona）	21.42
阿肯色（Arkansas）	14.07
加利福尼亚（California）	24.12
科罗拉多（Colorado）	17.37
康涅狄格（Connecticut）	13.05
特拉华（Delaware）	14.49
哥伦比亚特区（District of Columbia）	12.03
佛罗里达（Florida）	15.05
佐治亚（Georgia）	14.91
夏威夷（Hawaii）	15.76
爱达荷（Idaho）	17.6
伊利诺斯（Illinois）	15.73
印第安纳（Indiana）	18.02
爱荷华（Iowa）	14.31
堪萨斯（Kansas）	13.96
肯塔基（Kentucky）	16.01
路易斯安那（Louisiana）	14.32
缅因（Maine）	12.29
马里兰（Maryland）	14.59
马萨诸塞（Massachusetts）	13.9
密西根（Michigan）	17.91
明尼苏达（Minnesota）	15.91
密西西比（Mississippi）	15.21
密苏里（Missouri）	13.77
蒙大纳（Montana）	13.68
全国平均	15.97

续表

地区	公立中小学
内布拉斯加（Nebraska）	13.36
内华达（Nevada）	20.02
新罕布什尔（New Hampshire）	12.67
新泽西（New Jersey）	12.73
新墨西哥（New Mexico）	15.07
纽约（New York）	12.92
北卡罗来纳（North Carolina）	15.15
北达科他（North Dakota）	11.44
俄亥俄（Ohio）	16.05
俄克拉荷马（Oklahoma）	15.99
俄勒冈（Oregon）	20.3
宾夕法尼亚（Pennsylvania）	13.8
罗得岛（Rhode Island）	12.83
南卡罗来纳（South Carolina）	16.05
南达科他（South Dakota）	13.26
田纳西（Tennessee）	14.84
得克萨斯（Texas）	14.73
犹他（Utah）	22.8
佛蒙特（Vermont）	11.56
弗吉尼亚（Virginia）	17.64
华盛顿（Washington）	19.35
西弗吉尼亚（West Virginia）	13.91
威斯康星（Wisconsin）	15.14
怀俄明（Wyoming）	12.49

资料来源：U. S. Department of Education, National Center for Education Statistics, Common Core of Data（CCD）, "State Nonfiscal Public Elementary/Secondary Education Survey", 2010 – 2011.

　　由表4—4中的数据可以看出，美国2010年公立中小学的平均生师比是15.97，最高的是加利福尼亚州，达到24.12，同时最低的是北达科他州，低到11.44，极差是12.68，即加利福尼亚州的一名中小学老师平均要比北达科他州的一名中小学老师多负担12.68个学生（而我国不同省份小学阶段的极差是10.3，初中是9.27）。

　　因此可以看出，从教师资源配置的数量数据来分析，我国的中小学教师从总量上来讲，已经基本与美国持平；而且从地区分布上讲，地区之间的差异如果运用极差值来判断，也并不比美国更加突出；如果运用标准差作为差异性指标来判断，我国2010年各地小学的生师比标准差是2.37，初中生师比的标准差是2.08，而美国各州2010年生师比的标准差是3.18①，可以得出的结论是我国义务教育阶段各地生师比差异并不比美国更突出。

　　但事实上，与美国相比，地区差异不突出并不代表地区差异不存在问题，或者可以说，不同地区教师的数量差异可能是世界上许多国家都面临的共同难题，地区间老师负担的学生相差10多个，还是一个应当引起足够重视的差距；同时，我国生师比虽然这些年在不断缩小，但统计口径和美国是不太一致的。在美国的中小学，教辅人员是不计入教师的统计行列的，生师比指的就是不同教师在课堂上真正面对的学生的人数。而我国的情况复杂得多，中小学校长、副校长、管理人员，抑或教辅人员，都有可能兼一门类似于品德、心理健康等类型的课，因此全部计入教师的统计之中，事实上每个教师在课堂上面对的学生根本不可能是十几个；而且以省为单位统计的生师比，也不能反映城乡之间、校际之间的巨大差异，事实上，在

---

　　①　原始数据来源于表4—3、表4—4，该数据是根据标准差的公式计算得出。

我国，教师的超编和缺编是同时存在的，特别是一些薄弱学校、农村学校，学科教师的缺编现象非常严重，而这些正是我国义务教育均衡发展的攻坚区域。

第二节　从质量维度分析我国义务教育阶段教师资源配置

本节主要从质量维度、结构维度分析我国小学、初中的教师城乡之间的资源配置差异，质量维度采用的指标是学历、职称、教师基本素质，结构维度采用的指标主要是性别和年龄，数量指标主要是百分比。

一　我国义务教育阶段教师的学历情况分析

（一）小学教师学历

1. 小学教师学历的总体变化趋势

首先分析小学教师总体的学历层次变化情况。如表4—5：

表4—5　　2003年、2005年、2007年、2009年小学教师
不同学历占的百分比

学历	2003	2005	2007	2009
硕士毕业	0.02	0.03	0.04	0.08
本科毕业	3.07	6.70	12.21	19.71
专科毕业	37.43	49.63	54.63	55.04
高中毕业	57.33	42.26	32.22	24.57
高中以下	2.15	1.38	0.90	0.60

资料来源：中华人民共和国教育部官方网站，2003年、2005年、2007年、2009年教育统计数据（http：//www.moe.edu.cn/）。表中的数据是根据上述原始数据计算得出（比如：硕士毕业所占的百分比＝硕士毕业教师数÷总教师数×100）。

表4—5中的数据显示,我国小学教师的学历层次在过去的几年间迅速提升,学历的合格率逐年提高。

从2003年至2009年,高学历教师所占的比例一直在增加,比如,硕士所占的百分比从2003年的0.02%,2005年的0.03%,2007年的0.04%,到2009年已经达到0.08%;本科毕业的比例从2003年的3.07%,2005年的6.70%,2007年的12.21%,到2009年的19.71%;相反,高中毕业和高中以下毕业的教师所占的百分比一直在下降,比如高中毕业的教师,从2003年的57.33%,2005年的42.26%,2007年的32.22%,到2009年的24.57%;而高中以下毕业的小学教师到目前为止已经不到1%了。

2. 小学教师学历提升过程中的问题

虽然教师学历在逐年提高,但是,在提高的过程中也存在一些结构上的问题。

(1)小学女教师的学历层次整体高于男教师

下面是一组数据:

表4—6　　2003年、2005年、2007年、2009年小学女教师
不同学历所占的百分比

学历/年份	2003		2005		2007		2009	
	合计	其中:女	合计	其中:女	合计	其中:女	合计	其中:女
硕士毕业	0.02	0.02	0.03	0.03	0.04	0.05	0.08	0.10
本科毕业	3.07	3.83	6.70	8.70	12.21	15.89	19.71	25.13
专科毕业	37.43	44.70	49.63	57.27	54.63	60.68	55.04	58.58
高中毕业	57.33	50.49	42.26	33.45	32.22	23.05	24.57	15.96
高中以下	2.15	0.96	1.38	0.55	0.90	0.34	0.60	0.22

资料来源:中华人民共和国教育部官方网站,2003年、2005年、2007年、2009年教育统计数据(http://www.moe.edu.cn/)。表中的数据是根据上述原始数据计算得出(比如:硕士毕业所占的百分比=硕士毕业女教师数÷女教师总数×100)。

表4—6中的数据可以看出，小学女教师的学历层次比男教师高。（1）2003年、2005年，女教师中硕士毕业的比例与总体教师中硕士所占的比例相同外，其他各年，女教师中硕士毕业的百分比均比全体教师中硕士毕业的百分比大，比如2005年，全体小学教师中，硕士毕业的占0.03%，女教师中，硕士毕业的也是0.03%；而2009年，全体小学教师中，硕士毕业的占0.08%，而女教师中，硕士毕业的占0.1%；同时，这几年的数据均显示，本科毕业、专科毕业的女教师比例均高于男教师。比如，2003年，全体教师中本科毕业的占3.07%，而女教师中本科毕业的占3.83%；2009年，全体教师中本科毕业的占19.7%，而女教师中本科毕业的占25.13%；（2）历年的数据中，高中毕业和高中以下毕业的女教师所占百分比明显小于全体教师在该项的百分比。比如，2003年，全体教师中高中以下的2.15%，而同年女教师中，高中以下的仅占0.96%。

这与笔者在西安市的调查结果是一致的。比如西安市某小学，共有教师38人，其中女教师30人，拥有本科以上学历的教师共30人，其中女教师25人，也就是说，女教师中80%以上的拥有本科以上学历，而男教师拥有本科以上比例的只有50%左右；另一所小学的情况基本类似，共16人，其中女教师8人，拥有本科以上学历的共9人，其中女教师7人，也就是说90%以上的女教师拥有本科以上学历，而男教师中拥有本科以上学历的仅占25%。

（2）小学男女教师的性别比例在进一步失衡

近些年，我国小学男教师的比例一直在缩小，男女教师比例的失调是小学教师队伍存在的另一个重要问题。

表4—7　　　2003 年、2005 年、2007 年、2009 年我国小学
教师中女教师的百分比

年份	2003	2005	2007	2009
女教师百分比	53.56	54.79	55.73	57.11

资料来源：中华人民共和国教育部官方网站，2003 年、2005 年、2007 年、2009 年教育统计数据（http：//www.moe.edu.cn/）。表中的数据是根据上述原始数据计算得出（女教师所占的百分比＝女教师数÷教师总数×100）。

表4—7 显示，近些年小学教师中，女性的比例越来越高，从 2003 年的 53.56% 上升到 2009 年的 57.11%，增加了近 4 个百分点。

而现实中，小学阶段男女教师的比例失调比这个更为严重。笔者 2012 年 10 月调查了西安市雁塔、未央、灞桥等几个区，8 所学校，有重点小学，有薄弱小学，也有农村小学，除了两所小学的男女教师比例基本持平外，其他 6 所学校男女教师失调问题都非常严重。

表4—8　　　2012 年西安市 8 所小学男女教师人数比例情况

学校名称	教师人数	男教师人数	女教师人数
西安市 A 小学	33	5	28
西安市 B 小学	144	24	120
西安市 C 小学	38	8	30
西安市 D 小学	18	3	15
西安市 E 小学	10	2	8
西安市 F 小学	15	6	9
西安市 G 小学	16	8	8
西安市 H 小学	141	21	120

表4—8 中的数据显示，除了 F 小学和 G 小学外，其他 6 所学校，女老师的人数几乎是男老师的 3—6 倍，而且教师人数越多、规模越大的学校，男女教师的比例越失衡。像 B 小学、H 小

学这样的城市重点小学，教师人数在 140 多，学生人数在 1800
以上，男教师的人数仅仅是女教师的 1/6 左右。

（3）农村小学教师的学历层次相对低

虽然近些年以来，农村小学高学历教师比例大幅提升。2010
年，全国农村小学大专及以上学历教师比例达到 75.4%，比上
年提高 3.7 个百分点。[1] 由此推算，2009 年农村教师大专以上学
历的比例应该是 71.7%（75.4% – 3.7% = 71.7%），而截至
2009 年年底，全国的小学大专及以上学历的教师比例就已经达
到 74.83%[2]，因此，与全国平均水平相比，农村小学教师的学
历层次还是要落后一些。

同样，现实中农村学校和城市学校教师的学历差距也是比较
大的。这里是一组西安市的调查数据：

表4—9　　2012 年西安市城市小学和农村小学的学历水平差异调查

学校类型		教师人数	硕士及以上	本科	专科	专科以下
城市	A 学校	141	12	110	19	0
	B 学校	144	2	102	40	0
农村	A 学校	18	0	8	8	2
	B 学校	15	1	8	6	0
	C 学校	16	1	8	5	2

表4—9 中的数据显示，城市学校的教师已经基本上消除了
学历不合格的现象，小学教师都具有大专以上的学历，且 80%
以上的老师具有了本科以上学历；但在农村小学中，学历不合格

---

① 教育部：《中国教育概况——2010 年全国教育事业发展情况》第二
部分（义务教育），2011 年 11 月 14 日。

② 原始数据来源于中华人民共和国教育部官方网站，2009 年教育统
计数据（http://www.moe.cn/），这个数据根据（硕士毕业 + 本科毕
业 + 专科毕业）÷教师总数×100 算出。

的现象依然存在，本科以上教师的比例基本上在 50%—60% 之间，与城市相比差距还是非常大的。

（二）初中教师的学历

1. 初中教师学历的总体变化情况

首先看初中教师学历的总体变化，如表 4—10：

表4—10　　　　　　2003 年、2005 年、2007 年、2009 年
初中教师的学历情况

学历	2003	2005	2007	2009
硕士毕业	0.14	0.21	0.31	0.50
本科毕业	23.68	35.10	46.95	58.94
专科毕业	68.21	59.94	49.92	38.84
高中毕业	7.77	4.65	2.75	1.68
高中以下	0.19	0.11	0.07	0.04

资料来源：原始数据来源于中华人民共和国教育部官方网站，2003 年、2005 年、2007 年、2009 年教育统计数据（http://www.moe.edu.cn/）。表中的数据是根据原始数据计算得出（比如：硕士毕业所占的百分比＝硕士毕业教师数÷总教师数×100）。

表 4—10 中的数据可以看出：（1）2003—2009 年间，初中老师的学历层次一直在提升。比如 2003 年，研究生毕业的初中老师仅占所有初中教师的 0.14%，2005 年为 0.21%，2007 年为 0.31，到 2009 年提升至 0.50%；本科毕业的初中教师 2003 年的百分比仅为 23.68%，2005 年为 35.10%，2007 年为 46.95%，到 2009 年已经上升为 58.94%。（2）学历不达标的教师在不断减少，但仍然存在。2003 年高中毕业的初中教师还占了 7.77%，到 2009 年就降到了 1.68%。

2. 初中教师学历提升过程中存在的问题

（1）初中女教师的学历层次整体高于男教师

与小学教师学历存在的问题类似，在对初中教师学历层次进行进一步分析的过程中，很容易发现，初中女教师的学历层次普

遍高于男教师，如表4—11：

表4—11 2003年、2005年、2007年、2009年初中女教师
不同学历所占百分比

学历	2003		2005		2007		2009	
	合计	其中：女	合计	其中：女	合计	其中：女	合计	其中：女
硕士毕业	0.14	0.17	0.21	0.25	0.31	0.39	0.50	0.65
本科毕业	23.68	27.30	35.10	40.38	46.95	53.02	58.94	65.27
专科毕业	68.21	66.43	59.94	56.23	49.92	44.99	38.84	33.25
高中毕业	7.77	6.01	4.65	3.11	2.75	1.58	1.68	0.82
高中以下	0.19	0.09	0.11	0.04	0.07	0.03	0.04	0.01

资料来源：原始数据来源于中华人民共和国教育部官方网站，2003年、2005年、2007年、2009年教育统计数据（http：//www.moe.edu.cn/）。表中的数据是根据原始数据计算得出（比如：硕士毕业所占的百分比＝硕士毕业女教师数÷女教师总数×100）。

从表4—11中的数据可以看出，初中女教师的学历层次比男教师高。（1）2003年、2005年、2007年、2009年历年中，女教师中硕士毕业的百分比均比全体教师中硕士毕业的百分比大，比如2003年，全体小学教师中，硕士毕业的占0.14%，女教师中，硕士毕业的是0.17%；2005年，两者的比例分别是0.21%和0.25%；2007年分别是0.31%和0.39%；而2009年，全体小学教师中，硕士毕业的占0.50%，而女教师中，硕士毕业的占0.65%，差距在逐年递增。同时，而这几年的数据均显示，本科毕业的女教师比例均高于男教师。比如，2003年，全体教师中本科毕业的占23.68%，而女教师中本科毕业的占27.3%；2009年，全体教师中本科毕业的占58.94%，而女教师中本科毕业的占65.27%；（2）历年的数据中，专科毕业、高中毕业和高中以下毕业的女教师所占百分比明显小于全体教师在该项的百分比。比如，2003年，全体教师中高中以下的占0.19%，而同年女教师中，高中以下的仅占 0.09%；2009 年的百分比分别是 0.04% 和 0.01%。

（2）初中女教师的比例在逐步增加

表 4—12　　**2003 年、2005 年、2007 年、2009 年初中女教师**
占全体教师的百分比

年份	2003	2005	2007	2009
女教师百分比	45.29	46.45	47.50	48.81

资料来源：原始数据来源于中华人民共和国教育部官方网站，2003 年、2005 年、2007 年、2009 年教育统计数据（http：//www.moe.edu.cn/）。表中的数据是根据原始数据计算得出（女教师所占的百分比 = 女教师数 ÷ 教师总数 × 100）。

表 4—12 中的数据显示，在过去的几年间，初中教师中女教师的比例在逐年增加，如果按照这样的趋势增长下去，男女教师的比例可能会失调。

（3）城市、县镇和农村初中教师人数比例发生了变化

表 4—13　　**城市、县镇、农村教师人数比例总变化与**
女教师比例的变化

年份	2005		2007		2008		2009	
	总百分比	其中：女	总百分比	其中：女	总百分比	其中：女	总百分比	其中：女
城市	18.96	25.56	19.19	25.69	19.67	26.15	19.75	26.07
县镇	36.87	36.92	40.53	39.96	41.59	40.87	42.64	41.82
农村	44.18	37.52	40.28	34.35	38.74	32.98	37.61	32.11

资料来源：原始数据来源于中华人民共和国教育部官方网站，2005 年、2007 年、2008 年、2009 年教育统计数据（http：//www.moe.edu.cn/）。表中的数据是根据原始数据计算得出（比如：城市教师的总百分比 = 城市教师总数 ÷ 初中教师总数 × 100；城市女教师百分比 = 城市女教师数 ÷ 女教师总数 × 100）。

表 4—13 中的数据可以看出：（1）2005 年、2007 年、2008

年、2009 年间，城市教师占总教师的百分比一直在缓慢增加，从 2005 年的 18.96%，2007 年的 19.19，2008 年的 19.67%，到 2009 年的 19.75%；县镇教师的百分比增加更为明显，从 2005 年的 36.87%，2007 年的 40.53%，2008 年的 41.59%，到 2009 年的 42.64%，增加了近 6 个百分点；相反，农村教师的百分比在一直显著下降，从 2005 年的 44.18%，2007 年的 40.28%，2008 年的 38.74%，到 2009 年的 37.61%，下降了近 7 个百分点。（2）城市女教师所占的比例几年间变化不大，而县镇的女教师所占的比例在明显增加，农村女教师所占的比例在明显下降。比如，2005 年、2007 年、2008 年、2009 年四年里，城市女教师分别占所有女教师的百分比是 25.56%、25.69%、26.15% 和 26.07%，比较稳定；而县镇这四年女教师占所有女教师的比例分别是 36.92%、39.96%、40.87% 和 41.82%，逐年增加；农村这四年女教师占所有女教师的百分比分别是 37.52%、34.35%、32.98% 和 32.11%。

（4）农村初中教师的学历低于城市和县镇

2010 年，农村初中本科及以上学历教师比例达到 59.4%，比上年提高 5.0 个百分点。[1] 据此推算 2009 年农村初中本科以上的学历的教师应当是 54.4%（59.4% − 5.0% = 54.4%），而 2009 年，全国初中教师中本科以上学历的教师比例应当是 59.44%（初中教师中研究生毕业的百分比 + 本科毕业的百分比），比农村高出了 5 个多的百分点。

二　我国义务教育阶段教师的职称情况分析

（一）我国小学教师的职称情况分析

1. 小学教师的职称总体变化情况

首先看我国小学教师职称近些年来的总体变化情况，如

---

① 教育部：《中国教育概况——2010 年全国教育事业发展情况》第二部分（义务教育），2011 年 11 月 14 日。

表4—14：

表4—14　2003年、2005年、2007年、2009年我国小学教师
不同职称的百分比

年份	2003	2005	2007	2009
中教高级	0.28	0.42	0.61	0.93
小教高级	35.73	42.14	47.59	51.14
小教一级	44.45	42.40	40.21	37.26
小教二级	12.34	8.83	5.77	4.26
小教三级	0.69	0.52	0.40	0.34
未评职称	6.52	5.69	5.43	6.06

资料来源：原始数据来源于中华人民共和国教育部官方网站，2003年、2005年、2007年、2009年教育统计数据（http：//www.moe.edu.cn/）。表中的数据是根据原始数据计算得出（比如：中教高级的总百分比＝中教高级教师总数÷小学教师总数×100）。

　　表4—14中的数据显示：（1）我国小学教师中，高级职称的教师所占比例逐年提升。比如2003年，我国小学教师中拥有中教高级职称的教师仅占所有小学教师的0.28％，2005年为0.42％，2007年为0.61％，到2009年提升至0.93％；同样，拥有小教高级职称的教师比例也在逐年提升，比如2003年的百分比是35.73％，到2009年提升至51.14％；（2）相对的，拥有低职称的教师的比例在逐年下降。比如在2003年，拥有小教二级职称的教师占所有小学教师的12.43％，而到了2009年，这个比例下降到4.26％；（3）值得一提的是，在小学教师队伍中，未评职称的教师始终占有不小的比例，而且还比较稳定，2003年、2005年、2007年、2009年的比例分别是6.52％、5.69％、5.43％和6.06％。

　　2. 小学教师职称结构中存在的问题

　　（1）小学女教师的职称层次普遍低于男教师

　　与学历层次的情况正好相反，小学拥有高级职称的女教师比例普遍小于整体水平，如表4—15：

表4—15　　　2003年、2005年、2007年、2009年我国小学
女教师各类职称的百分比

年份	2003		2005		2007		2009	
	总百分比	百分比：女	总百分比	百分比：女	总百分比	百分比：女	总百分比	百分比：女
中教高级	0.28	0.23	0.42	0.36	0.61	0.53	0.93	0.82
小教高级	35.73	32.71	42.14	38.62	47.59	43.84	51.14	47.22
小教一级	44.45	44.00	42.40	43.45	40.21	42.11	37.26	39.34
小教二级	12.34	14.36	8.83	10.03	5.77	6.38	4.26	4.64
小教三级	0.69	0.69	0.52	0.53	0.40	0.42	0.34	0.37
未评职称	6.52	8.00	5.69	7.00	5.43	6.72	6.06	7.61

资料来源：原始数据来源于中华人民共和国教育部官方网站，2003年、2005年、2007年、2009年教育统计数据（http://www.moe.edu.cn/）。表中的数据是根据原始数据计算得出（比如：中教高级的总百分比＝中教高级教师总数÷小学教师总数×100；女教师中教高级的百分比＝拥有中教高级的女教师人数÷女教师的总人数×100）。

　　表4—15中的数据显示，女教师中拥有中教高级、小教高级职称的比例低于拥有该职称的教师的总体比例。比如：2003年，拥有中教高级职称的教师占全体教师的0.28%，而拥有中教高级职称的女教师占全体女教师的比例为0.23%，2005年、2007年、2009年两者的比例分别是0.42%和0.36%，0.61%和0.53%，0.93%和0.82%；同样，拥有小教高级职称的女教师占全体女教师的比例也低于总体百分比，各年的数据分别为35.73%与32.71%，42.14%与38.62%，47.59%与43.84%，51.14%与47.22%；而拥有小教一级、小教二级、小教三级职称的女教师的比例却高于全体教师的比例，甚至未评职称的女教师的比例也高于全体教师中未评职称的比例，这与学历层次分析中女教师的学

历层次普遍高于整体水平的情况是矛盾的。

在对西安市的几所小学调查的过程中，也发现了同样的问题。比如某小学，教师人数33人，其中男教师5人，该校拥有小教高级职称的共有12人，其中男教师3人。也就是说，60%的男教师都拥有了小教高级职称，而只有不到30%的女教师拥有小教高级职称；另一所调查的学校共有教师15人，其中男教师6人，而该校拥有小教高级职称的共8人，其中男教师4人，同样的，66%以上的男教师拥有小教高级职称，而女教师拥有该职称的比例不到50%。

（2）小学拥有高级职称的教师逐渐年轻化

过去几年间，拥有高级职称的教师逐渐年轻化，如表4—16：

表4—16　　2003年、2005年、2007年、2009年拥有高级职称的小学教师年龄变化

年份	2003		2005		2007		2009	
	36—45岁	46—55岁	36—45岁	46—55岁	36—45岁	46—55岁	36—45岁	46—55岁
中教高级	30.35	49.44	37.05	46.17	42.25	44.01	43.35	45.93
小教高级	32.87	45.02	34.25	41.82	36.31	38.77	35.80	38.43

资料来源：原始数据来源于中华人民共和国教育部官方网站，2003年、2005年、2007年、2009年教育统计数据（http：//www. moe. edu. cn/）。表中的数据是根据原始数据计算得出［比如：36—45岁中教高级的总百分比＝（36—40岁的中教高级教师人数＋41—45岁中教高级教师的人数）÷小学教师总数×100］。

表4—16中的数据显示：从2003年到2009年间，我国小学36—45岁之间拥有高级职称的教师比例逐年提高。比如2003年，36—45岁之间拥有中教高级职称的仅占30.35%，而到了2009年，这个比例为43.35%，提高了13个百分点；与此同时，46—55岁间拥有中教高级职称的教师比例从2003年的49.44%降到了2009年的45.93%。

（3）农村小学教师中拥有高级职称的教师比例略低于全国平均水平

据有关数据显示，我国农村义务教育学校中、高级职称教师比例提升较快。2010 年，全国农村小学中、高级职称教师比例为 52.1%，比上年提高 1.1 个百分点。[①] 由此推算，2009 年，我国农村小学教师中拥有高级职称的教师比例是 51%（52.1% - 1.1% = 51%）；而 2009 年，我国小学教师中拥有小教高级以上职称的教师比例是 52.07%（拥有中教高级职称的教师比例 + 拥有小教高级的教师比例），比农村高 1 个百分点。

（二）我国初中教师的职称情况分析

1. 初中教师的职称的总体变化趋势

总的来说，我国初中教师的职称近些年来是不断提升的，如表 4—17：

表 4—17　　　　2003 年、2005 年、2007 年、2009 年我国
初中教师的职称变化

年份	2003	2005	2007	2009
中教高级	4.88	6.56	8.81	11.26
中教一级	32.29	36.49	39.89	41.79
中教二级	42.61	40.83	38.67	36.46
中教三级	10.33	7.92	5.72	3.75
未评职称	9.89	8.20	6.91	6.74

资料来源：原始数据来源于中华人民共和国教育部官方网站，2003 年、2005 年、2007 年、2009 年教育统计数据（http://www.moe.edu.cn/）。表中的数据是根据原始数据计算得出（比如：中教高级的总百分比 = 中教高级教师总数 ÷ 初中教师总数 × 100）。

[①]　教育部：《中国教育概况——2010 年全国教育事业发展情况》第二部分（义务教育），2011 年 11 月 14 日。

表4—17中的数据显示：（1）我国初中拥有高级职称的教师比例逐年上升。比如2003年，拥有中教高级职称的教师比例是4.88%，2005年是6.56%，2007年是8.81%，到2009年上升至11.26%；2003年拥有中教一级职称的教师比例是32.29%，到2009年上升至41.79%；（2）相对的，拥有低级职称的教师的比例在逐年下降。比如，2003年拥有中教二级职称的教师比例是42.61%，2005年为40.83%，2007年为38.67%，到2009年下降为36.46%；（3）值得一提的是，从2003年至2009年，始终存在相当比例未评职称的教师，虽然这个比例也在逐年下降，但仍然比较突出。

2. 初中教师职称结构中存在的问题

（1）初中女教师的职称层次普遍低于男教师

与学历层次的情况正好相反，初中拥有高级职称的女教师比例普遍小于整体水平，如表4—18：

表4—18　　　　2003年、2005年、2007年、2009年我国
初中女教师的职称情况

年份	2003		2005		2007		2009	
	总百分比	百分比：女	总百分比	百分比：女	总百分比	百分比：女	总百分比	百分比：女
中教高级	4.88	4.76	6.56	6.17	8.81	8.07	11.26	10.00
中教一级	32.29	28.31	36.49	32.66	39.89	36.29	41.79	38.33
中教二级	42.61	43.71	40.83	42.57	38.67	40.97	36.46	39.12
中教三级	10.33	11.25	7.92	8.67	5.72	6.17	3.75	4.07
未评职称	9.89	11.97	8.20	9.93	6.91	8.50	6.74	8.48

资料来源：原始数据来源于中华人民共和国教育部官方网站，2003年、2005年、2007年、2009年教育统计数据（http：//www. moe. edu. cn/）。表中的数据是根据原始数据计算得出（比如：中教高级的总百分比＝中教高级教师总数÷初中教师总数×100；女教师中教高级的百分比＝拥有中教高级的女教师人数÷女教师的总人数×100）。

表4—18中的数据显示，在历年的统计中，初中拥有中教高级和中教一级的教师的百分比均高于女教师中拥有中教高级和中教一级的比例。比如，2003年，初中教师中拥有中教高级职称的教师比例为4.88%，而女教师中拥有中教高级职称的比例是4.76%，2005年的数据分别是6.56%和6.17%，2007年的数据分别是8.81%和8.07%，2009年的数据是11.26%和10.00%；初中教师中拥有中教一级职称的比例是32.29%，而女教师中拥有中教一级职称的比例是28.31%，2005年的数据分别是36.49%和32.66%，2007年的数据分别是39.89%和36.29%，2009的数据分别是41.79%和38.33%。而拥有中教二级、中教三级和未评职称的女教师的比例则高于整体水平。比如2003年，中教三级的教师比例是10.33%，而女教师中教三级的比例是11.25%，2009年，中教三级的教师比例是3.75%，而女教师中中教三级的比例是4.07%。

（2）初中拥有高级职称的教师逐渐呈现年轻化趋势

在2003年，初中教师中拥有中教高级职称最多的教师年龄阶段是41—45岁，占整个拥有中教高级职称的教师比例是24.67%，2009年，拥有中教高级最多的教师年龄阶段是41—45岁，所占比例是33.85%；2003年、2005年、2007年、2009年中，拥有中教一级职称最多的教师年龄一直是36—40岁，比例分别是28.08%、29.66%、29.59%和29.6%。①

（3）初中农村教师中、高级职称的教师比例略低于全国平均水平

中国教育统计数据显示，我国2010年农村初中中、高级职

① 原始数据来源于中华人民共和国教育部官方网站，2003年、2005年、2007年、2009年教育统计数据（http：//www.moe.edu.cn/）。表中的数据是根据原始数据计算得出（比如：在2003年拥有中教高级职称的不同年龄段中，找出最多的那个年龄段，用该年龄段拥有中教高级的教师数除以该年拥有中教高级的教师的总人数）。

称教师比例为 52.3%，比上年提高 1.9 个百分点。[①] 由此推算，我国 2009 年农村教师中中、高级职称教师的比例为 50.4% （52.3% – 1.9% = 50.4%）。而就全国平均水平来说，我国 2009 年教师中拥有中、高级职称的教师比例为 53.05%（拥有中教高级职称的教师比例 + 拥有中教一级的教师比例），比农村高出 3 个百分点。

三 我国义务教育阶段教师的基本素质调查

（一）义务教育阶段教师的素质结构

1. 义务教育阶段教师素质结构的确定依据

在对"教师素质"结构的分析研究中，过去已有很多研究的成果，如马超山、张桂春从动力系统（思想品德）、知识系统和能力系统等三个方面来构建教师的素质结构模型。近期以来，这些方面的研究又有许多新的进展。有关教师素质结构的研究虽然是面向个体教师的，是指个体所独有的心理品质与个性特点，但是从对教师素质结构的要求来看主要是要考查教师所应具备的基本素质。有代表性的研究主要有：

叶澜认为：中小学教师素质结构应当包括三个方面，即（1）专业理念；（2）知识结构；（3）能力结构。该结构突出了专业理念的地位。

艾伦提出：中小学教师素质结构应当包括三个方面，即（1）学科知识；（2）行为技能；（3）人格技能。该结构突出了学科知识和人格技能，但人格技能的范围太大，而且与行为技能有重叠之嫌。

林瑞钦认为：中小学教师素质结构应当包括三个方面，即（1）所教学科知识（能教）；（2）教育专业知识（会教）；（3）教

---

① 教育部：《中国教育概况——2010 年全国教育事业发展情况》第二部分（义务教育），2011 年 11 月 14 日。

育专业精神（愿教）。该结构突出了教学活动的基本要求，但与优秀教师的要求尚有很大距离。

饶见维认为：中小学教师素质结构应当包括四个方面，即（1）教师通用知能；（2）学科知能；（3）教育专业知能；（4）教育专业精神。该结构与林瑞钦的观点相近，突出了教学活动的基本要求。

姚志章认为：中小学教师素质结构应当包括三个方面，即（1）认知系统；（2）情感系统；（3）操作系统。该结构突出了心理活动的三大系统，但缺少具体的素质要求。

林崇德认为：中小学教师素质结构应当包括五个方面，即（1）职业理想；（2）知识水平；（3）教育观念；（4）教学监控能力；（5）教学行为与策略。该结构突出了职业理想和教学监控能力，但也缺少具体的可操作性的内容。

国际上关于教师素质结构的研究成果与我国相比，其素质的条目更加细化，操作性很强。比如：美国一位教育家通过对9万多名学生进行调查的结果表明：一名好教师应具备12种素质：（1）友善的态度；（2）尊重课堂上每一个人；（3）耐性；（4）兴趣广泛；（5）良好的仪表；（6）公正；（7）幽默感；（8）良好的品质；（9）对个人的关注；（10）伸缩性；（11）宽容；（12）颇有方法。

日本一位学者认为，教师应具备以下素质：（1）热爱教育事业（对教育事业的深厚的感情，专一的兴趣，深刻的理解力等）；（2）性格特征（具有明朗快活、朝气蓬勃的精神；心胸开阔；对所有学生一视同仁；具有专业的权威，被学生们所信任；具有统率他们的才能，情绪稳定）；（3）管理能力（热心地且熟练地率领班级和学生，懂得青年心理学和教育心理学，能够自信地开展工作）；（4）研究兴趣（对于教材的科学知识十分关心，认真做好讲课的准备，并不断地努力掌握灵活的指导艺术）；（5）道德性（即高尚的道德）；（6）创造性（对于目前尚未解决的课题，发挥最大的创造性）。

在这里，我们根据《中小学教师职业标准》以及国内外关于中小学教师素质结构的研究，运用系统科学的思想和方法，确定了小学教师素质的主结构，即包括思想品德素质、身心素质、文化素质和教育能力素质四大因素，每个因素下又包含不同的子因素。

2. 义务教育阶段教师的素质结构图的建构

（1）编制问卷，对初步建构素质结构图进行信效度测试

如何建立一个有效的素质结构图，我们在中小学教师素质理论结构的基础上编制出中小学教师素质结构问卷，问卷共计57个项目，分四个维度，分别为尚未做到、尚可、经常做到、完全做到。问卷编制出来后请中小学教师、教育专业的研究生导师等进行修改审查，并对每项题目的可读性和适宜性做出评定，最终编制成正式的小学教师素质结构测评问卷。

问卷编制成功后，首先对100名中小学教师进行预测试，由教师自评。发放问卷100份，回收100份，有效问卷98份，有效率98%，问卷信效度较好。

然后，取西安市内不同学校不同地区的中小学教师，发放问卷280份，回收问卷265份，回收率94.6%，有效问卷263份，有效率99.25%。

最后，采用SPSS16.0对数据进行统计分析。

（2）素质结构图的内容信效度测试结果

总问卷的Alpha系数为0.884（$P < 0.001$，$n = 100$），说明问卷内部一致性和稳定性较高，整个问卷较可靠。

检验分量表得分与问卷总分相关以此作为问卷的内容效度，结果见表4—19。

表4—19　　　　　　　　各分量表之间及与问卷总分相关

	思想品德素质	身心素质	文化素质	教育能力素质
思想品德素质	1			
身心素质	0.794 **	1		
文化素质	0.756 **	0.685 **	1	
教育能力素质	0.897 **	0.806 **	0.785 **	1
总分	0.948 **	0.889 **	0.842 **	0.972 **

注：$*P<0.05$，$**P<0.01$，$***P<0.001$。

各分量表得分与问卷总分相关都达到显著水平，这表明各分量表有较好的内容效度。

采用主成分分析法提取主要因素。对思想品德素质的15道题，提取四个因子，解释量为69.169%；身心素质的12道题，提取四个因子，解释量为70.29%；文化素质7道题，提取三个因子，解释量为73.96%；教育能力素质23道题，提取七个因子，解释量为82.238%。

根据每个因素各个项目的具体内容，思想品德素质中，题目1、5、35、54、56，命名为"公平对待学生"；题目2、8、14、27，命名为"积极对待工作"；题目4、11、28，命名为"主动对待集体"；题目6、15、34，命名为"公平对待家长"。身心素质中，题目9、16、26，命名为"旺盛的精力"；题目3、10、20、29，命名为"情绪稳定"；题目13、17、21，命名为"友善正直"；题目12、18，命名为"注意力坚持性"。文化素质中，题目19、25，命名为"学历"；题目7、31、45，命名为"理论知识"，题目24、32，命名为"专业技能知识"。教育能力素质中，题目23、30、46、50，命名为"组织教学能力"；题目22、33、49，命名为"沟通能力"；题目36、41、52，命名为"表达能力"；题目37、40，命名为"教研能力"；题目38、44，命名为"自我提升能力"；题目39、43、48，命名为"教育评价能力"；题目 42、47、51、53、55、57，命名为"教育机智"。

每个题目与其对应的基本素质都有显著的相关（$P < 0.01$），说明题目较好地反映了四个基本素质结构，因而得到如下模型：

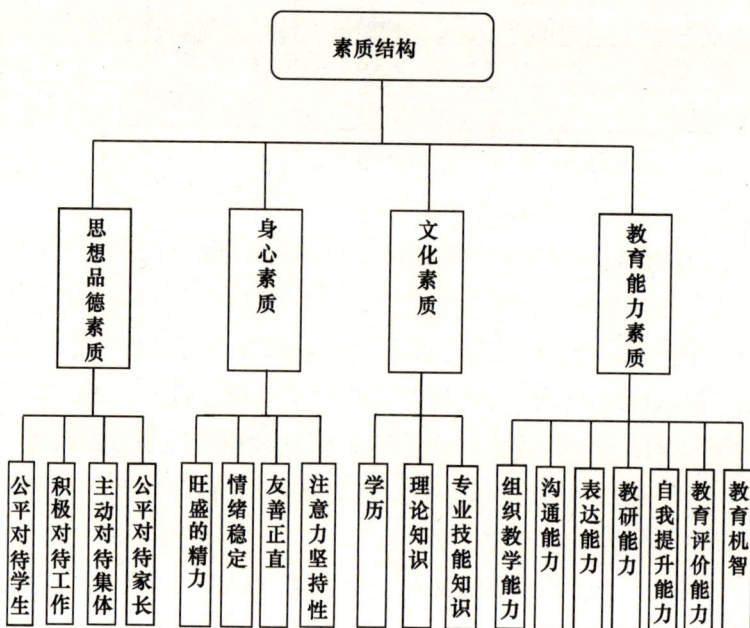

（二）我国义务教育阶段教师素质现状及存在问题

1. 我国义务教育阶段教师素质现状

（1）总体素质情况

表4—20　中小学教师素质结构四因素的平均数和标准差

	均值 M	标准差 SD
思想品德素质	3.59	0.48
身心素质	3.54	0.51
文化素质	3.52	0.64
教育能力素质	3.57	0.56

分数 1 表示教师尚未做到，2 表示尚可，3 表示经常做到，4 表示完全做到。故分数越高，教师掌握的水平越高，从基本的数据分析可以看出，较为薄弱是文化素质，其次是身心素质，最好的是思想品德素质。

（2）身份、学历的差异与素质差异

表4—21　　　　　教师素质各因素的身份、学历差异

项目	身份		F	学历			F
	在编	外聘		专科	本科	硕士	
思想素质	53.20±7.98	55.91±4.97	6.991**				
身心素质	41.69±6.50	44.32±4.21	9.827**				
文化素质	24.38±3.95	26.21±5.64	8.201**	23.53±4.65	24.60±3.60	25.41±4.55	3.165*
教育能力素质	80.75±13.60	86.67±10.20	10.747***	78.11±15.50	83.91±11.85	82.33±14.06	3.711*

注：$*p<0.05$，$**p<0.01$，$***p<0.001$。

学历的显著性差异体现在文化素质和教育能力素质两方面，硕士的文化素质最高，专科最差。在教育能力素质方面，本科最高，专科最差。在目前身份方面，外聘教师在四个因素上都要好于在编教师。

（3）职称差异与素质差异

统计显示，在年龄与教龄方面，四个因素均没有出现显著的差异。而在职称方面，仅有身心素质这一因素出现了显著差异，表现为：职称越高，身心素质越差。具体见表4—22：

表4—22　　　　　　　教师素质各因素的职称差异

项目	职称				F
	高级	二级	一级	未定	
身心素质	41.20±6.45	42.19±6.59	42.36±5.74	43.28±5.18	2.500*

注：*$p < 0.05$。

2. 我国义务教育阶段教师素质存在的问题

（1）义务教育阶段的教师群体中，相对于其他素质，文化素质稍显薄弱

在我们所测的中小学教师群体中，思想品德素质、身心素质、文化素质和教育能力素质四个方面的分值都较高，相比之下较为薄弱的是文化素质。虽然近几年，各小学在招聘的过程中，也较为重视教师的学历背景，将标准逐步提升，但是与中学相比较，对教师的学历文化要求还是较低。所以小学教师在提升学历、理论知识和专业技能素质方面仍有较为迫切的要求。

（2）在编教师的素质存在较大差异，外聘教师的素质没有显著差异

在编教师与外聘教师的各项素质差异情况比较复杂：从总的统计结果看，在编教师各项素质得分的标准差大于外聘教师，说明在编教师内部各项素质之间的差异比较大；同一学校的外聘教师之间，不同学校的外聘教师之间的各项素质差异不明显。

（3）从教育教学能力上看，本科毕业的教师得分略高

文化素质与学历是正相关的，所以在文化素质方面，硕士显著优于其他两个，因为硕士经历了更多的基础知识的学习，在理论研究方面也有明显的优势。而教育能力素质则是本科显著优于其他两个，这一结果可能是由于目前小学教师的构成以本科为主，他们大多都有着十几年甚至更多的教学

经验，而研究生都是近几年进入中小学任教的，所以在教育能力方面的经验没有本科教师好。

（4）义务教育阶段教师群体的身心素质整体较差，随着职称的增高身心素质得分在下降

从统计结果看，中小学教师群体的身心素质较差，并且随着职称增高，身心素质有下降的趋势。由于教师这一职业，长期处于大消耗量，以及费心操劳这样一种工作状态下，随着时间的增长，精力耗竭的现象增加，职业倦怠感会出现，同时身体健康状况下降，甚至有些教师还会伴随睡眠、情绪等障碍。这些都是客观存在的，也是需要得到重视的。

第三节 我国义务教育阶段
教师的变动情况

通过分析城市、县镇和农村教师的变动情况，探讨我国教师资源配置中城乡之间存在的差异，以及我国义务教育阶段教师性别结构中存在的问题和变动的趋势。

一 我国小学教师的变动情况

（一）小学教师的总体变动情况

2005 年、2007 年、2009 年的数据显示，我国小学教师在 2005 年总体是减少了 0.65%，而 2007 年、2009 年均有不同程度的增加；同时，2005 年、2007 年、2009 年三年女教师增加的百分比均高于这几年的总体平均水平，甚至在 2005 年教师减少的情况下，女教师仍然增加了 0.4%；而且，如果分城市、县镇和农村三个层次分别比较，其中城市和农村的历年数据均显示，女教师的增加比例均高于整体平均水平，减少比例明显低于平均水平，而县镇在 2005 年和 2007 年女教师的增加量略低于该年的平均水平，

但在2009年，女教师增加的百分比也明显高于平均水平；值得关注的是，三年中农村教师一直处于流失状态，而县镇的教师的增加比例一直是三者中最高的。

表4—23　　　2005年、2007年、2009年我国小学教师的
总体变动情况

	2005	2007	2009
合计	-0.65	0.45	0.20
其中：女	0.40	1.35	1.50
城市	-0.25	2.98	1.31
其中：女	0.42	3.02	1.46
县镇	4.77	2.71	3.49
其中：女	4.71	2.69	3.79
农村	-2.46	-1.09	-1.51
其中：女	-1.71	-0.22	0.08

资料来源：原始数据来源于中华人民共和国教育部官方网站，2005年、2007年、2009年教育统计数据（http：//www.moe.edu.cn/）。表中的数据是根据原始数据计算得出〔比如：城市教师变动的百分比=（增加的城市教师-减少的城市教师）÷本学年专任教师数×100；城市女教师变动的百分比=（增加的城市女教师数-减少的城市女教师数）÷本学年专任女教师数×100〕。

由此也可以大胆推论：（1）我国小学教师中女教师的比例越来越高，因为女教师每年的增加比例都高于整体平均水平；（2）我国农村小学教师的流失比较严重，大部分农村教师最可能流入的是县镇；（3）城市的小学教师队伍相对比较稳定，历年的变化均不是特别大。

（二）教师变动过程中存在的问题

1.城市、县镇、农村新录取的大学生中，女性比例均高于男性

表4—24　　　　**2005 年、2007 年、2009 年录用大学生情况**

	2005	2007	2009
合计	1.63	1.62	1.84
其中：女	1.96	1.98	2.36
城市	1.91	1.96	1.95
其中：女	1.86	1.93	1.96
县镇	1.45	1.49	1.51
其中：女	1.53	1.59	1.71
农村	1.61	1.59	1.95
其中：女	2.21	2.24	2.97

　　资料来源：原始数据来源于中华人民共和国教育部官方网站，2005 年、2007 年、2009 年教育统计数据（http://www.moe.edu.cn/）。表中的数据是根据原始数据计算得出（比如：城市教师录用大学生的百分比＝录用毕业生人数÷本学年专任教师数×100；城市教师中录用女大学生的百分比＝录用女大学生的人数÷本学年专任女教师数×100）。

　　表4—24 中的数据显示：（1）2005 年、2007 年和 2009 年三年中，我国录取毕业生的比例比较稳定，三年中录取的毕业生占全体专任教师的比例分别是 1.63%、1.62% 和 1.84%；（2）历年录取毕业生中，女生的比例均高于男性，特别是 2009 年，女性的比例比平均比例高 0.6 个百分点；（3）农村和城市录取大学生的比例高于县镇，而城市录取男女大学生比例比较接近，女生略低于男生，而农村和县镇录取的女大学生的比例均高于平均值，尤其是农村，2009 年高出了近 1 个百分点。

　　2. 从调入、调出的专任教师比例可以看出，城市的变化小于县镇和农村，且农村调入、调出的专任教师比例居高不下

表4—25　　　　**2005 年、2007 年、2009 年调入教师情况**

	2005	2007	2009
合计	7.35	6.77	6.73
其中：女	6.94	6.54	6.56
城市	6.24	6.41	5.50
其中：女	5.90	6.13	5.29
县镇	8.01	6.74	7.33
其中：女	7.36	6.40	6.99
农村	7.42	6.87	6.82
其中：女	7.19	6.82	6.90

表4—26　　　　**2005 年、2007 年、2009 年调出教师情况**

	2005	2007	2009
合计	7.26	6.29	6.33
其中：女	6.58	5.84	5.86
城市	4.82	4.29	4.13
其中：女	4.42	3.95	3.81
县镇	4.92	4.55	4.42
其中：女	4.34	4.23	4.10
农村	8.61	7.49	7.76
其中：女	8.63	7.67	7.97

资料来源：原始数据来源于中华人民共和国教育部官方网站，2005 年、2007 年、2009 年教育统计数据（http：//www. moe. edu. cn/）。表中的数据是根据原始数据计算得出（比如：城市教师调入教师的百分比 = 城市调入教师人数 ÷ 本学年专任教师数 × 100；城市教师中调入女教师的百分比 = 城市调入女教师的人数 ÷ 本学年专任女教师数 × 100）。

表4—26 中的数据显示：（1）2005 年、2007 年和 2009 年的数据纵向比较，可以看出我国教师调入、调出的比例基本稳定，稳中稍有上升，说明教师队伍整体变化还是比较平稳的，比如 2005 年，调入的教师占专任教师的 7.35%，调出的占 7.26%，

2007 年的数据分别是 6.77%、6.29%，2009 年的数据是 6.73% 和 6.33%；（2）三年中，调入和调出的女教师的比例均小于该 年的整体水平，这说明教师中女教师队伍更加稳定，比如 2005 年，全年调入教师的平均比例是 7.35%，而女教师调入的比例 是 6.94%，全年调出教师的平均比例是 7.26%，而女教师的调 出比例是 6.58%，2007 年、2009 年的数据变化趋势也是如此； （3）三年的数据横向比较，城市、县镇和农村中，城市教师的 变动最小，而县镇调入的比例最大，农村调出的比例最大，也因 此说明城市的教师队伍比县镇和农村要更加稳定，比如 2009 年， 城市调入的教师比例是 5.5%，调出的教师比例是 4.13%，而县 镇调入的数据是 7.33%，农村调出的数据是 7.76%，均远远大 于城市的调入、调出比例；（4）从调入和调出的情况来看，城 市和县镇女教师变动比例均低于平均比例，而农村调出的女教师 的比例则高于平均水平。

二　初中教师的变动情况

（一）初中教师的总体变动情况

从 2005 年、2007 年、2008 年、2009 年的数据可以看出，初 中教师的总体变化不大，除了 2005 年减少 0.14% 外，其他年份 都是稳中有升；同时，这四年中，女教师的增加比例高于平均水 平近 1 个百分点，甚至在 2005 年教师减少的情况下，女教师仍 然增加了 1.09%；城市、县镇和农村历年比较可以看出，女教 师的变化比例一直高于平均水平；值得关注的是，四年中农村教 师一直处于流失状态，而城市和县镇的教师一直在增加。

由此也可以大胆推论：（1）我国初中教师中女教师的比例 越来越高，因为女教师每年的增加比例都高于整体平均水平； （2）我国农村初中教师的流失比较严重，大部分农村教师最可 能流入的是县镇，其次是城市。

表4—27 **2005 年、2007 年、2008 年、2009 年初中教师的**
总体变动情况

	2005	2007	2008	2009
合计	−0.14	0.02	0.13	1.25
其中：女	1.09	1.14	1.53	2.55
城市	−1.12	3.03	2.39	2.70
其中：女	0.10	3.14	2.88	3.09
县镇	4.20	1.68	1.52	3.45
其中：女	4.92	2.50	2.72	4.49
农村	−3.34	−3.08	−2.50	−1.99
其中：女	−1.99	−1.95	−1.03	−0.43

资料来源：原始数据来源于中华人民共和国教育部官方网站，2005 年、2007 年、2008 年、2009 年教育统计数据（http://www.moe.edu.cn/）。表中的数据是根据原始数据计算得出［比如：城市教师变动的百分比 =（增加的城市教师 − 减少的城市教师）÷本学年专任教师数×100；城市女教师变动的百分比 =（增加的城市女教师数 − 减少的城市女教师数）÷本学年专任女教师数×100］。

（二）初中教师变动过程中存在的问题

1. 城市、县镇、农村教师岗位新录取的大学生中，女性比例均高于男性

表4—28 中的数据显示：（1）2005 年、2007 年、2008 年和 2009 年四年中，我国初中专任教师中录取大学毕业生的比例比较稳定，四年中录取的毕业生占全体专任教师的比例分别是 2.82%、2.39%、2.35% 和 2.53%；（2）历年录取毕业生中，女生的比例均高于男性，特别是 2009 年，女性的比例比平均比例高 0.9 个百分点；（3）农村录取大学生的比例一般高于县镇，而城市录取男女大学生比例比较接近，女生略高于男生，而农村和县镇录取的女大学生的比例均高于平均值，尤其是农村，2009 年高出了近 1.5 个百分点。

表4—28　2005年、2007年、2008年、2009年初中教师中
录用毕业生情况

	2005	2007	2008	2009
合计	2.82	2.39	2.35	2.53
其中：女	3.48	3.04	3.14	3.39
城市	2.86	2.53	2.37	2.28
其中：女	3.02	2.68	2.63	2.52
县镇	2.74	2.42	2.24	2.34
其中：女	3.35	3.07	3.00	3.18
农村	2.88	2.29	2.47	2.88
其中：女	3.93	3.27	3.71	4.37

资料来源：原始数据来源于中华人民共和国教育部官方网站，2005年、2007年、2008年、2009年教育统计数据（http：//www.moe.edu.cn/）。表中的数据是根据原始数据计算得出（比如：城市教师录用大学生的百分比＝录用毕业生人数÷本学年专任教师数×100；城市教师中录用女大学生的百分比＝录用女大学生的人数÷本学年专任女教师数×100）。

2. 从调入、调出的专任教师比例可以看出，城市的变化小于县镇和农村，且农村调入、调出的专任教师比例居高不下

表4—29、表4—30中的数据显示：（1）2005年、2007年、2008年和2009年的数据纵向比较，可以看出我国教师调入、调出的比例基本稳定，说明教师队伍整体变化还是比较平稳，比如2005年，调入的教师占专任教师的5.71%，调出的占6.48%，2007年的数据分别是5.12%、5.88%，2008年的数据是4.84%和5.64%，2009年的数据是5.34%和5.76%；（2）四年的数据横向比较，城市、县镇和农村中，县镇调入的比例最大，农村调出的比例最大，而城市则相对稳定一些，也因此说明城市的教师队伍比县镇和农村要更加稳定，比如2009年，城市调入的教师比例是5.45%，调出的教师比例是4.26%，而县镇调入的数据是6.27%，农村调出的数据是7.63%，均远远大于城市的调入、调出比例；

（3）从调入和调出的情况来看，城市和县镇女教师变动比例不明朗，而农村调入、调出的女教师的比例则明显高于平均水平。

表4—29　　2005 年、2007 年、2008 年、2009 年初中教师调入情况

	2005	2007	2008	2009
合计	5. 71	5. 12	4. 84	5. 34
其中：女	5. 69	5. 18	4. 96	5. 44
城市	5. 40	6. 05	5. 31	5. 45
其中：女	5. 12	5. 65	5. 01	5. 12
县镇	7. 08	5. 63	5. 38	6. 27
其中：女	6. 89	5. 66	5. 55	6. 37
农村	4. 69	4. 18	4. 03	4. 22
其中：女	4. 89	4. 27	4. 20	4. 51

表4—30　　2005 年、2007 年、2008 年、2009 年初中教师调出情况

	2005	2007	2008	2009
合计	6. 48	5. 88	5. 64	5. 76
其中：女	6. 20	5. 75	5. 47	5. 62
城市	4. 77	4. 53	3. 94	4. 26
其中：女	4. 32	4. 17	3. 54	3. 83
县镇	5. 32	5. 04	4. 90	4. 80
其中：女	5. 16	5. 01	4. 89	4. 77
农村	8. 19	7. 36	7. 29	7. 63
其中：女	8. 51	7. 79	7. 70	8. 17

　　资料来源：原始数据来源于中华人民共和国教育部官方网站，2005 年、2007 年、2008 年、2009 年教育统计数据（http：//www. moe. edu. cn/）。表中的数据是根据原始数据计算得出（比如：城市教师调入教师的百分比＝城市调入教师人数÷本学年专任教师数×100；城市教师中调入女教师的百分比＝城市调入女教师的人数÷本学年专任女教师数×100）。

第 五 章

我国义务教育阶段教师资源配置现状的经济学解释

按照系统工程的工作程序，现状的分析属于系统的初诊阶段，通过这一阶段的讨论，明确系统所存在的主要问题；而诊断出问题后，更重要的步骤是诊断出问题存在的原因，本章就是在第四章对我国义务教育阶段教师资源配置现状诊断的基础上，对问题存在的原因做进一步的诊断分析。

通过第四章的分析，可以将我国义务教育阶段的教师资源配置现状概括为：从数量层次上，地区之间的差异逐渐缩小，但依然存在显著差异；从质量层次上，城乡之间、同一地区的不同学校之间拥有高学历、高职称的教师比例有一定差异；而且，在教师的性别结构中，高学历的女教师的比例普遍高于男教师，但高职称的女教师比例低于男教师；从教师变动情况来看，农村教师队伍最不稳定，录用大学生的比例，调入、调出教师的比例均高于城市；录用的女大学生比例高于男大学生。

本章所用的分析工具主要有微观经济学的供给和需求理论、成本理论系统以及劳动力市场的基础理论，以期对我国义务教育教师资源配置现状及存在问题从经济学的角度进行解释。

第一节　供求理论与义务教育阶段教师数量配置

一　供给—需求理论及义务教育阶段教师的供给和需求

（一）供求理论

1. 概念

需求与供给都是微观经济学的基本概念。经济学中的供给是指生产者在某一特定时期内，在每一价格水平上愿意并且能够提供的一定数量的商品或劳务。在不同价格下，供给量会不同，供给也就是价格与供给量的关系。

现实中，影响供给量的因素很多，比如：商品自身的价格、生产的成本、生产的技术水平、相关商品的价格、生产者的价格预期、政府税收等。在这里，由于影响供给量的因素主要是商品和服务本身的价格。因此，假定其他影响因素不变，而把价格作为自变量，把供给量作为因变量来表示供给函数：

$$Q^s = -\delta + \gamma P, \delta > 0, \gamma > 0$$

经济学中的需求包含两层含义：需求一方面来自消费者的嗜好或偏好，是一种纯粹主观上的需要；另一方面，需求也受到消费者收入预算的约束，需求必须是有支付或购买能力的需求。在某一价格下，消费者愿意购买的某一货物的总数量称为需求量。在不同价格下，需求量会不同。需求也就是说价格与需求量的关系，是主观偏好和客观能力的统一。

现实中，影响需求量的因素很多，比如：商品自身的价格、消费者收入、相关商品价格（互补品与替代品）、消费者的偏好、消费者的价格预期，以及历史、文化背景因素等。在这里，由于影响需求量的因素主要是商品和服务本身的价格。因此，假定其他影响因素不变，而把价格作为自变量，把需求量作为因变量来表示需求函数：

$$Q^d = \alpha - \beta P, \; \alpha > 0, \; \beta > 0$$

2. 供给和需求的关系

供给和需求的关系可用图 5—1 供求曲线来解说：

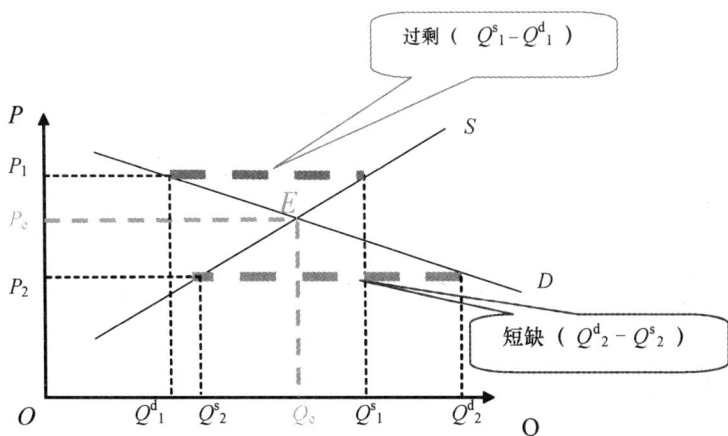

图 5—1 供求曲线

供给曲线与需求曲线的相交点是均衡点，即供给量和需求量相等，此时的价格称为均衡价格。否则，当供给量和需求量不一致时，就会出现供不应求或者供过于求的局面。

（二）教师资源的供求关系

教师是教育资源中的人力资源，师资供给包括数量、质量和结构供给三个方面。对师资的需求可以分为社会需求和个人需求，师资社会需求是指在一定历史时期，基于国家未来经济与社会发展对劳动力和人才的要求而产生的对教师资源有支付能力的需要；师资个人需求是指个人出于对未来知识、技能、收入、社会地位的预期对教师资源有支付能力的需要。教师资源的供求关系是指教师资源的数量、质量和结构与社会和个人对教师资源的需求之间的关系，在一定历史时期，教师资源的供求关系以失衡和均衡两种形式体现出来。

影响教师资源供给的主要因素有预期报酬、生活和工作条件、成为教师的成本、进入其他行业的机会、成为教师的风险等因素。[①] 其中，多尔敦（Dolton）的研究显示，英国大学毕业生的就业选择与工资水平高度相关。与其他行业相比，教师的工资越高，大学毕业生选择教师职业的可能性就越大。[②] 在市场经济条件下，教师是否愿意从事教育事业、教师在工作岗位上付出多少的努力来从事教育活动，都取决于从事教育事业和付出教育劳动所能得到的报酬。教师会将所得到的报酬与为了成为教师所付出投资的成本相比较，同时与社会上其他行业的报酬相比较，然后来决定自己是否从事教师职业，是否付出全部的精力来教学。[③]

影响教师社会需求的主要因素是未来社会经济与社会发展对教师资源的需要程度；影响教师个人需求的因素主要有教师的社会地位、工资水平、其他行业的收入水平、教师的个人偏好，以及历史、文化等因素。

二　我国义务教育阶段教师资源数量配置现状的经济学解释

（一）从数量供给上，我国义务教育阶段教师资源的数量供给取得了很大的进展

中小学师资数量不足一度成为我国普及义务教育的一大障碍，特别是 20 世纪八九十年代，普及九年义务教育的目标对教师队伍建设提出了很大的挑战，师资数量不足成为突出矛盾。为此各级政府做出了很大的努力，经过几十年的发展，各地义务教育师资数量整体上能够得到满足，我国义务教育阶段教师数量供

---

① 吴飞燕：《从经济学的视角分析影响我国教师供给的因素》，《教育学术月刊》2010 年第 5 期。

② Dolton P. , "The economics of UK teacher supply: The graduate's decision", *Economic Journal*, Vol. 100, No. 5, 1990.

③ 范先佐：《教育经济学》，人民教育出版社 1999 年版，第 343 页。

给取得了长足的发展，但仍然存在一些问题。

首先，我国义务教育教师的数量供给近些年取得了很大进展，义务教育阶段生师比一直下降，与发达国家基本持平。从 2001 年到 2010 年，小学的生师比一直呈下降趋势，十年间一个小学老师平均承担的学生数下降了近四个（即从 2001 年的 21.6 下降到 2010 年的 17.7）；初中的生师比也一直呈现下降趋势，平均每个初中老师承担的学生数在十年中也下降了近四个（2004 年为 18.65，2010 年为 14.98）。横向比较，我国 2009 年小学的生师比是 17.88，2010 年是 17.7，初中的生师比 2009 年是 15.47，2010 年是 14.98，而美国的小学和中学的生师比平均值分别是 15.38 和 15.97，介于我国的小学和初中生师比之间。

其次，我国义务教育阶段教师的招聘条件越来越苛刻。笔者调查的几个城市和区县，中小学师资队伍已经饱和。如陕西省西安市某小学的招聘信息中明确规定：应届毕业生非"211 工程"大学毕业的不要；已经有工作经验的老师，必须获得省级以上（包括省级）教学能手称号或者获得省级（包括省级）以上现场教学大赛一等奖等。

（二）我国义务教育阶段教师数量供给取得进展的经济学解释

1. 教师劳动报酬的提高是促进教师供给量提升的首要因素

供求理论中，价格是影响供给量的最主要的因素，如果假定其他影响因素不变，那么供给量就和价格呈直线正相关。从经济学的角度看，工资收入是教师劳动力的市场价格，是衔接教师供求的平衡器。

这里收集了 1990 年至 2008 年间，我国中小学教师工资情况：

表5—1—1　　　1990—1999 年我国中小学教师的工资（元）

年份	1990	1991	1992	1993	1994	1995	1996	1997	1998	1999
普通中学	2134	2243	2724	3293	4943	5424	6059	6639	7348	8385
小学	2029	2148	2585	3098	4514	4982	5550	6030	6522	7413

表5—1—2　　　2000—2008 年我国中小学教师的工资（元）

年份	2000	2001	2002	2003	2004	2005	2006	2007	2008
普通中学	9239	11080	12857	14415	16299	18476	20979	25740	29579
小学	8085	9649	11207	12223	13747	15528	17729	22288	25929

资料来源：国家统计局编：《中国统计年鉴》（1991—2009），中国统计出版社 1991—2009 年版。

表5—1—1、5—1—2 中的数据显示，1990—2008 年间，我国中小学教师的工资一直在上涨，2008 年的中学教师工资是 1990 年的 13.86 倍，而小学教师的工资是 1990 年的 12.78 倍。为了更加直观地表示近二十年来我国中小学教师工资的变化情况，可以得出图5—2：

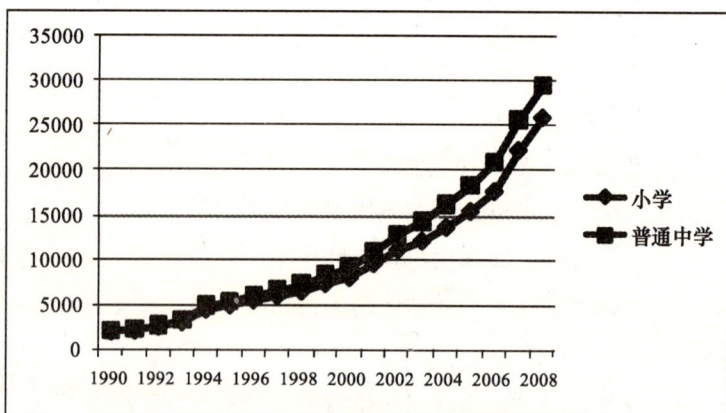

图5—2　　1990—2008 年中小学教师工资的变化

从图5—2 中可以看出，虽然不同年份的增长速度有所不同，但我国中小学教师的工资增长几乎是同步的。为了更加清楚直观地表示我国中小学教师的工资增长情况，根据表5—1得出教师的工资增长速度表5—2。

表5—2—1　　　　　1991—1996年我国中小学教师
工资的增长速度（％）

年份	1991—1990	1992—1991	1993—1992	1994—1993	1995—1994	1996—1995
普通中学	5.11	21.44	20.89	50.11	9.73	11.71
小学	5.86	20.34	19.85	45.71	10.37	11.40

表5—2—2　　　　　1997—2002年我国中小学教师
工资的增长速度（％）

年份	1997—1996	1998—1997	1999—1998	2000—1999	2001—2000	2002—2001
普通中学	9.57	10.68	14.11	10.18	19.93	16.04
小学	8.65	8.16	13.66	9.07	19.34	16.15

表5—2—3　　　　　2003—2008年我国中小学教师
工资的增长速度（％）

年份	2003—2002	2004—2003	2005—2004	2006—2005	2007—2006	2008—2007
普通中学	12.12	13.07	13.36	13.55	22.69	14.91
小学	9.07	12.47	12.96	14.17	25.71	16.34

表5—2中的数据根据表5—1计算得出，比如1997—1996年的工资增长速度＝（1997年工资－1996年工资）×100÷1996年工资。

从增长速度来看，中小学教师年均工资在1992年至1994年增长很快，特别是1994年，普通中学为50.11％、小学为45.71％，从1995年开始，增长速度逐步放慢，到了2001年增长速度开始回升，普通中学为19.93％，小学为19.34％，之后

增长速度又开始放缓，2006 年普通中学为 13.55%，小学
为14.17%。

为了更加直观地看出几个变化的节点，根据表5—2 的数据
做出图5—3：

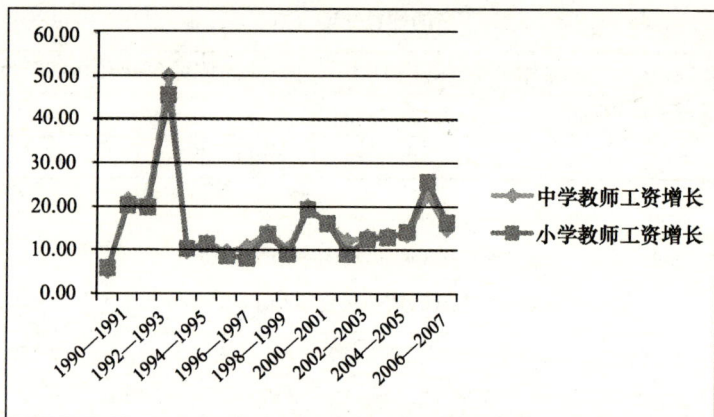

图5—3　1990—2008 年我国中小学教师工资的增长

图5—3 更加直观地反映出我国中小学教师工资增长的速度。
值得指出的是，中小学教师工资增长比较明显的几个年份中，前
一年都伴随着相关法律和政策的颁布，比如：1994 年，普通中
学教师工资增幅达到 50.1%，小学教师工资增幅为 45.7%，因
为1993 年《教师法》颁布，这是该法律条款颁布后的第一年。
由此可见，教育政策法规对保障教师的工资起到了非常积极的
作用。

供给与需求理论告诉我们，工资是影响教师供给和需求的最
重要因素。正是由于中小学教师工资的不断增长，促进了教师供
给量的提高，因此近些年来，我国中小学教师总量的供给是基本
能够满足需求的。而且，也正是由于政策和法规在促进教师工资
增长、教师供给提高中的作用，国家近些年不断地完善中小学教
师的工资制度，比如：2001 年，在国家颁布的《国务院关于基

础教育改革与发展的决定》中特别强调了农村中小学教师的工资问题，并且同年国家对教师工资进行了两次调整；2006 年，教师的工资制度改革明确规定："义务教育学校教师的平均工资水平应当不低于当地公务员的平均工资水平"；2008 年 12 月，国务院审议并通过《关于义务教育学校实施绩效工资的指导意见》，首次提出了教师的绩效工资问题等。

2. 免费师范教育是促进教师供给量提升的重要因素

随着学者们对高等教育属性的不断讨论，成本分担理论逐渐被社会普遍接受，但同时，接受高等教育的学费问题也成了很多家庭的负担。而教师的供给和需求理论告诉我们，成为教师的成本是影响教师供给量的又一个重要因素。麦克弗森（Mcpherson）在 1978 年就学费对入学率的影响作过一项测算，测算的结果是对应于学费每变化 100 美元，入学率变化约 0.8%。[①] 为了鼓励更多的优秀青年终身做教育工作者，2007 年 5 月，国务院决定在教育部直属师范大学实行师范生免费教育。其中，特别明确地规定了学生有条件享受免费师范教育的优惠政策：第一，由中央财政负责安排免费师范生在校期间的学费、住宿费，并发放生活补贴；现在的补助一般为 600 元每月。第二，在相关省级政府统筹下，由省级教育行政部门落实免费师范生的教师岗位，免费师范生四年毕业以后必须到中小学任教，到中小学任教的每一位免费师范生都有编有岗。第三，免费师范生在协议规定的服务期内可以在学校之间进行流动，有到教育管理岗位工作的机会。第四，为免费师范生继续深造提供好的条件保障，免费师范生经考核符合要求的，学校可以录取他们为教育硕士研究生，可以在职学习专业课程。

免费师范教育制度，使成为教师的成本大大降低，而且也为

---

① Martin Carnoy：《教育经济学国际百科全书》，闵维方译，高等教育出版社 2000 年版，第 230 页。

免费师范生的发展提供了相应的机会，为解决我国西部义务教育、农村义务教育的师资供给问题做出了积极的贡献。

3. 义务教育阶段教师资源数量不均衡的矛盾仍然存在

（1）中小学教师超编与缺编现象共存。

从数量上看，城区学校以及重点学校的师资普遍存在超编现象，而农村学校与薄弱学校则缺编严重。有学者对中部地区湖南、湖北两省的部分区县进行了调查，发现一些区县师资整体超编但又存在局部缺编现象，如湖南汨罗市中小学教师超编 130 人、湖北宜城市中小学教师超编 900 人，但是，教师超编的学校大多坐落于城区或城郊以及一些经济条件较好的乡镇，而一些贫困乡镇以及偏远地方的学校则依然缺少教师。[①]

应用教师的供给理论解释这一现象：城市教师的超编和农村教师的缺编主要是由于工资水平的差异和生活条件的差异。在城市学校教书的教师，不但有好的工作环境和教学条件，能享受城市各种先进的公共设施，信息灵通，在评职称、个人升迁上拥有更多的机会，而且工资福利还高于乡下教师，这便是部分乡村教师不重视业务、千方百计往城市调动的基本原因。

（2）部分学科任课教师严重短缺

音乐、体育、美术、英语等学科教师短缺问题严重，特别是一些农村中小学。教育部体卫艺司司长王登峰在 2012 年清华大学体育部成立百年大会上曾表示，义务教育阶段教师整体超编一百多万人，但体育教师缺编三十多万人。[②] 2010 年年底，陕西省陇县某小学教师受"手拉手"学校的邀请，到西安市某小

---

① 刘理、涂艳国：《中部地区农村中小学教师队伍现状问题调研报告》，《教育发展研究》2005 年第 4 期。

② 《义务教育体育老师缺编 30 万》，《新京报》2012 年 12 月 2 日，第 2 版（http://politics.people.com.cn/n/2012/1202/c70731 - 19761941.html）。

学学习参观，陇县的老师反映，他们的英语老师兼带音乐课；湖北省某县除城区学校之外，农村中小学音乐、体育、美术等三门学科几乎没有科班出身的专任教师。该县某乡镇，有4所初中和17所小学，共有640名中小学教师，从数量上来说已经超编，但音乐、美术、体育、化学等四门学科却没有一位专业出身的专职教师，在这4所初中，总共只有4名英语教师是科班出身的。①

　　学科教师的缺编是由于英语、音乐、美术等教师的培养成本比较高，而且进入其他行业的机会更加多。从教师的供求关系上讲，影响教师供给的重要因素之一是教师的培养成本，与普通的基础学科比如语文、数学相比，英语、音乐、美术、舞蹈、计算机等教师的培养往往需要更大的成本。比如培养一个音乐教师，家里需要给购置乐器、上培训班或请家教、参加一些比赛等，需要付出更多的金钱和精力，那么很显然，对未来工作的期待收入也比较高，而目前我国的中小学教师工资虽然在不断增长，但横向比较，在各个行业中的排名依然靠后，吸引不到足够的科任教师；同时，英语、音乐、美术等教师，进入其他行业的机会更大。比如美术，可以从事的相关行业有广告、设计、装潢等，这些行业的收入往往高于中小学教师；而且，现有的英语、音乐、美术等教师绝大多数出生于城市或县镇，得天独厚的地理优势也使他们拥有更多的选择，一般不会愿意选择到农村去当中小学老师，除非有特别吸引他们的高收入，或晋升机会等。

---

　　① 刘理、涂艳国：《中部地区农村中小学教师队伍现状问题调研报告》，《教育发展研究》2005年第4期。

第二节　成本理论与义务教育阶段教师资源质量配置

一　成本理论及教师成本

（一）成本理论

1. 概念

CCA 中国成本协会发布的 CCA2101：2005 年《成本管理体系术语》标准中第 2.1.2 条中对成本术语的定义是 "为过程增值和结果有效已付出或应付出的资源代价"。其中 "资源" 是指凡是能被人所利用的物质，一般包括：人力资源、物力资源、财力资源和信息资源等。

2. 机会成本

"机会成本" 是指生产单位的某种商品时需要生产者放弃使用相同生产要素在其他用途中所能得到的最高收入。

一般来讲，机会成本的计量方式主要有：

（1）沃尔什计量机会成本的方法[①]

沃尔什在计算个体教育机会成本时的公式如下：

$$C_o = \sum_i^n \left[N_i \div N \times P_i \times S_i \times (1+r)^{-i} \right]$$

其中：N_i 为毕业后第 i 年的人数，N 为毕业时原有人数，P_i 为第 i 年的就业率，S_i 为第 i 年的平均年收入，$(1+r)$ 为贴现因子，为第 i 年的贴现系数。某阶段的个体教育机会成本就是以上几个因素乘积的累计之和。

（2）韩宗礼的计算机会成本的方法[②]

韩宗礼计算个体教育机会成本的模型如下：

---

① 靳希斌：《教育经济学》，人民教育出版社 2005 年版，第 253—254、399—400 页。

② 同上。

$$C_o = \sum_i^n \left[\sum_j^m P_j \times a_j \times S_j \right]_i$$

其中：P_j 为个体从事第 j 类职业的概率或就业率，a_j 为在第 j 类职业上所投入（受教育者所放弃）的工作时间，S_j 为第 j 类职业平均年收入。中括号"［］"里面表示把第 i 年个体可能从事的各项职业累计相加，从而得到个体该年的平均收入。

3. 成本效益分析

成本效益分析（cost – benefit analysis）是通过比较项目的全部成本和效益来评估项目价值的一种方法。成本效益分析作为一种经济决策方法，将成本费用分析法运用于政府部门计划决策之中，以寻求在投资决策上如何以最小的成本获得最大的收益。

成本效益分析法的基本原理是：针对某项支出目标，提出若干实现该目标的方案，运用一定的技术方法，计算出每种方案的成本和收益，通过比较方法，并依据一定的原则，选择出最优的决策方案。

（二）教师成本

1. 培养中小学教师的成本

从成本的原始概念来讲，教师成本就是完成培养教师这项活动所消耗的一切资源的总和，通常表现为人力、物力、财力、时间等。根据成本的内涵不同，可以分为经济成本和非经济成本。经济成本是指不同投入主体在培养过程中所投入的金钱的数量；非经济成本包括国家制度成本、个人及家庭为此而投入的时间、情感和精力等。根据培养成本投入主体的不同，中小学教师的培养成本可分为个人成本和社会成本。

中小学教师的个人成本是指教师个人付出的时间和金钱等资源的总和。经济成本指个人付出的金钱数量，例如，支出的学费、车旅费、住宿费等。非经济成本包括教师个人所付出的时间、情感、精力以及某些无法预期的因素付出的其他成本。

中小学教师培养的社会成本是指投入主体为教师个体以外（例如学校、政府或教育行政部门以及其他教师培养机构等）为培养教师而付出的时间和金钱等资源的总和。根据成本支出的性质不同，可以分为社会直接成本和社会间接成本。社会直接成本指社会为教师培养而直接支付的费用的总和。例如，国家的"免费师范生教育"，由国家直接负担培养中小学教师的学费和部分生活费等。间接成本是社会为培养教师而间接支付的费用，包括培训机构所使用的土地、建筑物和其他设备等，因不用于教育而可能获得的收入（租金或利息）；单位和社会主体为培养中小学教师而牺牲的其他活动的效益等。

2. 教师的机会成本

社会的机会成本是指培养教师的社会资源用于其他用途所带来的最大效益。

教师的个人机会成本是成为教师，不得不为放弃其他工作而得到的最高收入。从比较的角度看，教师的机会成本对不同的家庭具有不同的影响，这取决于家庭成员的收入、家庭劳动力负担学龄儿童的数量等，如果家庭成员收入越多，孩子的学习时间的价值对家庭的重要性会越低，成为教师的机会成本也就越小；家庭劳动力人数越多则家庭孩子成为教师的机会成本越少。

3. 成本效益分析法在教师个人决策中的应用

影响教师个人决策的重要因素就是成为教师的个人成本，不仅包括教师的直接成本，即个人和家庭为此付出的时间和金钱，还应当特别强调成为教师的个人机会成本。

学费影响家庭和个人直接成本，因此也是影响教师决策的重要因素之一。

教师的个人机会成本，也是影响教师决策的重要因素。教师的个人机会成本受很多因素的制约，特别是其他行业的收入、其他行业的就业率直接影响着教师的个人机会成本。

教师在决策的过程中，会对直接成本和机会成本以及未来教师行业可能的效益进行估算，通过比较方法，并依据一定的原则，选择出最优的决策方案。

二　运用成本理论解释我国义务教育阶段教师资源质量配置

（一）我国义务教育阶段教师资源质量整体提高的经济学解释

1. 教师个人机会成本的降低是我国中小学教师的学历层次整体提高的主要原因。

首先，接受高等教育的机会成本降低。一般来讲，接受高等教育的机会成本主要是上学放弃的收入，即大学四年或研究生三年外出打工的收入，而制约高等教育机会成本的主要因素是劳动力市场状况。一般来讲，劳动力市场机会对某一教育阶段的需求机会越多，则下一级教育的机会成本就会越高。[①] 随着劳动力市场的发展，仅仅接受了基础教育而外出打工从事的多是体力活或对文化程度要求比较低的服务业，他们的收入水平也相对比较低，因此机会成本也比较低；而且，知识经济中，人们也普遍认为，人力资本的投资收益率是高于物质资本投资的收益率的，因教育支出而不能将这部分钱用于其他支出的收入损失也会降低，机会成本也随之降低。也就是说，从机会成本的概念出发，不仅为接受高等教育而放弃从事其他职业的收入会降低，而且为接受高等教育而进行的投资如果用于其他投资的回报也会降低，所以接受高等教育的机会成本在不断降低，会有越来越多的人选择接受高等教育。

其次，当中小学教师的机会成本降低。从机会成本的计量公式中可以看出，与其他行业相比，教师行业的相对收入水平是影响中小学教师个人机会成本的主要因素。随着国家对教育的重视、对增加教师工资的规定不断出台，我国教师的相对工资水平不断提升，教师行业在19类行业就业人员中的工资水平一直稳中有升。

---

① 王婷：《中国西部农村教育成本、收益与家庭决策的实证研究》，博士学位论文，中国农业科学院，2009 年，第 45 页。

表 5—3　　　　　　我国 2003—2010 年不同行业的城镇

就业人员平均工资（元）

年份	全国合计	农、林、牧、渔业	制造业	信息传输、计算机服务和软件业	金融业	教育
2003	13969	6884	12671	30897	20780	14189
2004	15920	7497	14251	33449	24299	16085
2005	18200	8207	15934	38799	29229	18259
2006	20856	9269	18225	43435	35495	20918
2007	24721	10847	21144	47700	44011	25908
2008	28898	12560	24404	54906	53897	29831
2009	32244	14356	26810	58154	60398	34543
2010	36539	16717	30916	64436	70146	38968

资料来源：2003—2008 年数据来源于中华人民共和国统计局《中国统计年鉴》（2009），4—20；2009 年和 2010 年数据分别来源于中华人民共和国统计局《中国统计年鉴》（2010），4—15，《中国统计年鉴》（2011），4—15。

表 5—3 中的数据显示，2004—2008 年间，教育行业从高至低一直处于第 12 位[①]，但是，与高收入行业的相对差距在不断缩小。比如：2003 年，报酬最高行业是信息与计算机服务行业，人均年收入为 30897 元，教师行业的人均收入是 14189 元，前者比后者高出 117.8%；到了 2008 年，报酬最高的仍然是信息与计算机服务行业，人均年收入为 54906 元，而教师的人均年收入是 29831 元，前者比后者高出 84.06%[②]，教师工资的增长速度远远高于信息传输和计算机

---

①　原始数据来源于中华人民共和国统计局《中国统计年鉴》（2009），4—20。此数据是经过相关数据排序处理后得出。

②　原始数据来源于中华人民共和国统计局《中国统计年鉴》（2009），4—20。增长率 =（信息行业年均工资 - 教育行业年均工资）÷ 教育行业年均工资 × 100。

服务业；到 2010 年，教育行业的人均年收入已经进到第 8位，行业年均工资最高的是金融业，人均 70146 元，教育行业是 38968 元，前者比后者高出 80％。[①]

为了更加直观地看出我国教师行业相对于行业收入较高的软件业、金融业以及相对于收入较低的农、林、牧、渔业和制造业，以及相对于全国各行业平均水平的相对收入变化，对表5—3的数据进行处理，得到表5—4：

表5—4

年份	全国合计	农、林、牧、渔业	制造业	信息传输和软件业	金融业	教育
2003—2004	0.14	0.09	0.12	0.08	0.17	0.13
2004—2005	0.14	0.09	0.12	0.16	0.20	0.14
2005—2006	0.15	0.13	0.14	0.12	0.21	0.15
2006—2007	0.19	0.17	0.16	0.10	0.24	0.24
2007—2008	0.17	0.16	0.15	0.15	0.22	0.15
2008—2009	0.12	0.14	0.10	0.06	0.16	0.16
2009—2010	0.13	0.16	0.15	0.11	0.16	0.13

资料来源：2003—2008 年数据来源于中华人民共和国统计局《中国统计年鉴》（2009），4—20；2009 年和 2010 年数据分别来源于中华人民共和国统计局《中国统计年鉴》（2010），4—15，《中国统计年鉴》（2011），4—15。表中的数据是根据原始数据计算得出，比如 2003—2004 年的全国合计相对增长率 ＝（2004 年的全国合计 － 2003 年的全国合计）÷2003 年的全国合计；2009—2010年的制造业相对收入 ＝（2010 年制造业的收入 － 2009 年制造业的收入）÷2009年制造业的收入。

---

① 原始数据来源于中华人民共和国统计局《中国统计年鉴》（2011），4—15，增长率 ＝（信息行业年均工资 － 教育行业年均工资）÷教育行业年均工资×100。

为了更加直观地表示不同行业相对收入的变化，作图 5—4：

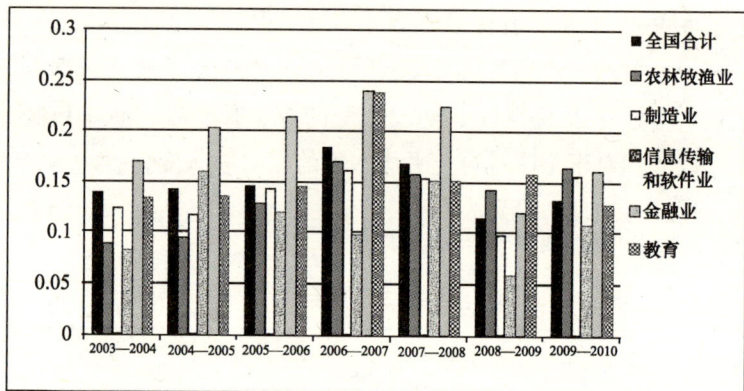

图5—4　2003—2008年间我国教育行业收入的相对变化

从图 5—4 可以看出，相对于全国各行业平均值、收入水平较低的制造业、农林牧渔业，我国教师行业的收入增长速度是比较快的。而且，2006—2007 年教师行业的收入增长率几乎和最高的金融业媲美；除此而外，教师行业的增长率一直比较稳定，维持在 15% 左右；而其他行业的收入增长则一直在起伏。制造业、农林牧渔等行业的收入增长与教师行业的收入差距在逐渐扩大。不仅如此，2008 年后，教师行业的收入增长水平就远远高于收入较高的软件业。而相对于金融业，教师行业收入的增长速度则没有表现出明显的趋势。

2. 免费师范生教育降低了我国中小学教师的接受高等教育的直接成本

任何国家都对教师的学历教育和在职培训有严格的限制，当教师行业的职业成本比较高时，就在一定程度上限制了愿意从事教育工作的人数。而免费师范生制度，直接降低了中小学教师的职业准备成本。在教师个人运用成本效益的原理进行理性决策时，效益减去成本就是利润，也就是说，同等收益的条件下，成本的减少会使利润大大提升，利润的驱动必定会使更多的人选择该职业，从而会促进教师队伍整体素质的提高。

（二）运用成本理论解释我国义务教育阶段教师质量配置中存在的问题

1. 中小学女教师的整体学历层次高于男教师

女性接受高层次教育（本科、研究生教育）的机会成本小于男性是中小学女教师的整体学历层次高于男教师的根本原因。

一般来说，女孩子在义务教育阶段机会成本大于男童，而在非义务教育阶段，男孩子的机会成本高于女孩子。[①] 因为一般而言，女孩子在义务教育阶段的非市场机会大于男童（即女孩子可以承担更多的家务，如照看幼小的弟妹，做饭、洗衣服等），特别是在农村，这也是女童更容易辍学的一个经济原因。而随着年龄的增长，男性的接受教育机会成本会逐渐增长，到了本科研究生教育阶段，女教师个人机会成本会低于男教师。一方面是由于在劳动力市场上，男性的就业机会大于女性；另一方面是由于男性的工作报酬普遍高于女性。比如：对于一个出生于农村的孩子，高中毕业后外出打工，男性一般61%从事建筑业，假定当小工的工资是大工的2/3，即22元，一年以六个月，每月以25天计算，男孩子放弃的年收入为3300元；而农村外出女性59%从事服务业，女孩子放弃的年收入大概为3150元。[②] 男性的收入大于女性，机会成本大于女性。城市的情况基本类似，高中毕业或大学毕业生中，男性的就业机会远远高于女性，工作后的收入水平也一般高于女性。

从机会成本的角度考虑，女性更加容易接受比较高层次的教

---

① 王婷：《中国西部农村教育成本、收益与家庭决策的实证研究》，博士学位论文，中国农业科学院，2009年，第45页。

② 同上。

育。同时，我国目前的高考体制、考研方式也相对更有利于女性，中学、大学学习成绩好的以女性居多，女性有更多的机会获得高学历。

2. 中小学女教师的整体职称层次低于男教师

入职后，男教师的发展动力更足，发展机会也高于女教师，这是导致中小学女教师整体职称层次低于男教师的根本原因。

在我国，随着教育层次的提升，女性教师比重下降，男性教师比重上升。比如，在幼儿园、小学阶段，女性教师占绝大多数；在中学，一般是女教师略高于男教师；而在高等教育领域，男性教师的比重则明显处于优势地位。产生这种现象的主要原因是中小学老师和大学老师的职业声望和经济地位均有所不同。相对于大学老师而言，中小学教师没有应有的学术声誉和地位，专业地位偏低，收入也相对偏低。换句话也就是说，相对于女性而言，男性对所从事的职业的专业地位和收入有更高的要求。同样，男性教师即使进入中小学后，一般也会有比女教师更强的发展动力，他们希望在自己所从事的行业中取得应该有的发展层次。比如说，男性教师有更加强烈的愿望进入管理层，而进入管理层的男性教师，也会有更多的机会获得高级别的职称。据我们的调查，西安市某知名小学，专任教师的人数为144人，其中男教师仅仅24人，女教师120人，女性教师的人数是男性教师的5倍多，而在学校管理层中，包括校长副校长和中层干部共9人，其中就有男性4人，占了近一半；而另一所城市薄弱学校中，专任教师共33人，其中5人是男性，其他28人均是女性，女性教师的人数是男性教师的6倍多，而在学校管理干部共5人中，其中男性有2名。

其次，女教师在工作中的发展机会小于男教师。从社会分工的角度看，一般来讲女性承担了更多的家务。在国外，特别是家中有未上学的孩子的家庭中，男性在外工作，女性在家做家务带孩子的比例很高，因为女性如果出去工作，就得聘请保姆过来照顾孩子或者将孩子送入托儿所，那样的花费可能比女性工作挣的还多，在成本收益比较中，女性一般会选择在家带孩子。在国内，这样的家庭也占有一定的比例，但对于女教师而言，不管是老人帮忙带孩子还是雇保姆带孩子，其成本可能都不会超过收入，所以一般会选择前者，但是，一定会将更多的精力和时间花在家庭上面，对教师工作的期望也相对会降低，表现出来的就是虽然以比较高的学历投身教育事业，但在教师的职业发展中会放缓脚步，在家庭生活中寻求平衡。

3. 农村教师的学历和职称层次明显低于县镇和城市

留在农村的教师个人机会成本小，高学历、高职称的人留在农村的机会成本过高，从而导致留在农村的教师对学历和职称的追求愿望不强烈，而高学历、高职称的人纷纷流出农村。

首先，留在农村教师的个人机会成本小。从劳动力市场来看，农村教师的其他就业机会少；从放弃的收入来看，其他行业的收入也少，农村教师为当教师而放弃的其他收入就少。所以，留在农村当老师的个人机会成本小，对学历和职称追求的愿望就不是那么强烈。

同时，农村的中小学教育留不住高学历和高职称的教师。首先，高学历的人一般不会选择农村。就我国目前的用人制度而言，高学历毕业生一旦进入农村学校，其人事档案和户籍关系就在一定程度上被固化。这种制度性障碍将导致高学历毕业生未来的工作流动成本远远高于在城市，使得毕业生对到农村就业产生畏惧；其次，在成本和收益分析法中，特别强调的是"不同方案的比较"。高学历和高职称意味着高付出，意味着拥有这些的教师之前付出了更高的成本；而且，他们相对于学历不高和职称不高的教师而言，也拥有更多的机会去争取其他高收入的工作，他们如果留在农村放弃的收入也高，因此，他们的个人机会成本也高。高的直接成本＋高的机会成本＝高成本，根据成本收益分析法，他们在决策中会期待更高的收益，来弥补所付出的高成本。

而目前，农村教师的现实收入水平是比较低的，因此，拥有高学历和高职称的教师会往上流动。

第三节　供给理论、成本理论与我国义务教育阶段教师资源的流动

我国义务教育教师资源的流动趋势主要有：教师的整体数量稳步增长；录用的大学毕业生中，女生的比例高于男生；相对于城市和县镇，农村教师的调入和调出比例居高不下，而城市最稳定。

一　供给理论与教师资源数量的整体提高

（一）教师工资的不断上涨是教师整体数量不断提高的主要原因

在供给理论与教师数量资源配置中已经分析过，近些年我国生师比的不断下降，主要是由于教师工资的不断提高，愿意投入到教师行业中的人越来越多；教师的变动趋势也可以看出，我国中小学教师的绝对人数一直在稳步提升，原因也是如此。我国教师的工资在 2000 年后的十几年间，每年都以 10% 以上的比例在上升，这是促进教师总体数量提升，从而使生师比下降的核心原因。

此外，随着教师工资的增加，教师与其他行业的收入差距逐步缩小，教师的个人机会成本逐步降低，从事教师行业的人数就会逐渐增加，这也是我国中小学教师数量稳步增加的一个原因。

（二）与发达国家相比，低水平的教师工资是教师数量增长缓慢的重要原因

但是，与发达国家相比，我国中小学教师的工资水平还是比较低的，这也是导致我国教师的绝对数量上升速度缓慢的一个重要原因。2010 年，芬兰的中学老师平均年收入为 41000 美元，这

个收入是 OECD 国家的平均水平，美国是 44000 美元，韩国是 55000 美元①；而到了 2012 年，美国德卢斯（Duluth）市的小学教师年平均工资是 48570 美元，大福克斯（Grand Forks）市的小学教师年平均工资是 43890 美元，圣克劳德（St. Cloud）市为 50970 美元，罗切斯特（Rochester）市为 45890 美元。② 我国 2010 年教育行业的年平均工资是 38968 元人民币③，这个数字肯定高于中小学教师的年收入，但即使这样按照人民币与美元的汇率 6.3∶1 换算过来，2010 年我国教育行业的年均收入为 6185 美元，基本上不及 OECD 国家的 1/7。

二　机会成本理论与城市、县镇、农村新录用的大学生中，女性比例均高于男性

（一）女大学毕业生的个人机会成本低于男大学生

由于劳动力市场里，男大学毕业生的个人机会成本高于女大学毕业生，主要原因是男大学毕业生拥有更多的选择机会。中国人民大学劳动人事学院曾对北京市 14 所大学和北京、上海等地 75 家企业进行了相关调查，当被问及"工薪相同，本企业愿意招收男生还是女生"时，在 75 家被调查的企业中，有 42 家（56%）愿招男生，只有 3 家（4%）愿招女生，男女都愿招的企业 26 家（34.67%）。④ 更多的用人单位认为，较多的男生会由于"婚姻"这个因素而提高工作效率，而较多的女生正相反，

①　Pasi Sahlberg, *Finnish Lessons: what can the world learn from educational change in Finland?* Teachers College Press, 2011, p. 77.

②　数据来源：圣克劳德州立大学（St. Cloud State University）教育学院的学生调查获得。

③　数据来源：中华人民共和国统计局编《中国统计年鉴》（2011），中国统计出版社，第 4—15 页。

④　潘锦棠：《北京女大学生就业供求意向调查分析》，《北京社会科学》2004 年第 3 期。

她们婚后会使工作效率下降。因此，男生更具有人力资本投资价值。① 而且，男大学生对自己工资的未来期望一般略高于女性。在劳动力市场，工薪期望是劳动者的自我定价，从这个角度讲，男大学生对自我的定价本身就比女性略高。更多的就业机会，更高的自我定价，都会导致男女毕业生的个人机会成本有所不同，而显然，男大学生的机会成本明显高于女大学生。因此，男大学生更倾向于从事比教育行业收入水平更高的其他行业。

同时，作为培养准教师的高师院校在招生中就已经埋下了男女教师性别结构比例失衡的伏笔。例如：上海师范大学教育管理专业40个学生中仅一个男生，外语专业30多个学生中男生也只有两三人②；陕西师范大学2012年共招本科生4530名，其中女生近4000名，男生500多名。其他师范学校的情况基本类似，男女比例一般都在1:8左右。高等师范学校男女生比例的失衡，直接导致中小学录用的女大学生和男大学生比例的失衡。

（二）女大学毕业生从事中小学教育的其他收益大于男大学毕业生

在成本收益分析中，从事中小学教师的女大学毕业生的其他收益高于男大学生毕业生。比如国内很多的媒体和机构都做过男性或女性择偶中希望对方所从事职业的相关调查，得出的结论基本一致：男性择偶的首选职业是教师，而女性择偶的首选不是教师。《齐鲁晚报》举办了一次相亲，结果显示：男性希望对方职业为教师的居多，其次是机关工作人员。"教师最好，假期长、工作稳定，有精力照顾家，还能教育孩子。"女性在择偶中，最喜欢男性的职业是公务员，"公务员最好，虽然不能大富大贵，

---

① 潘锦棠：《北京女大学生就业供求意向调查分析》，《北京社会科学》2004年第3期。

② 《男女比例严重失调，上海师范大学降10分收男生》（http://edu.163.com/edu2004/editor_ 2004/school/040421/040421_ 134454.html）。

但很稳定，非常适合结婚"。① 国内最大的婚恋网站"世纪佳缘"也发起了一项关于《中国男女婚恋观》的调查，通过对 7 万余名单身男女的在线调研，就当今单身男女最关注的情感、择偶、婚姻等问题展开调查，范围覆盖全国多个省市。调查发现女老师以69.3% 的高比例成为男性择偶最喜欢的职业，医护人员以五成比例居其次，在女性最青睐职业中，公司高层管理人员以七成的绝对优势稳居第一，建筑师、产品技术研发人员、律师、国家公务人员等居其次。②

三　农村调入、调出的专任教师比例高于城市和县镇，城市的变化小于县镇

（一）运用供给理论解释农村调入、调出教师比例偏高的原因

城市和县镇教师的收入普遍高于农村，是农村教师调出比例居高不下的主要原因。供给理论中强调，收入是影响教师供给的最主要的因素，而城市、县镇教师的收入明显高于农村，这是农村调出教师比例居高不下的核心因素。东北师范大学张源源博士在"义务教育教师职业城乡分层问题研究"中，调查了不同层次教师的工资、福利。他在省会城市、地级城市、县级市、乡镇以及乡村五个层级教师的调查中，回收了 202 份调查问卷，通过对 2009 年总工资收入数据的比较发现，五个层级教师年工资收入最高的为省会城市教师，年平均工资收入为 33584 元，远高于其他层级的教师年工资收入，年工资收入最低的为村小教师，平

---

① 凌文秀：《男女择偶观：男公务员和女教师最受欢迎》，大众网——《齐鲁晚报》2012 年 11 月 13 日（http://edu.sina.com.cn/official/2012 - 11 - 13/0940362006.shtml）。

② 秦一娥：《择偶男性最爱女老师 女性青睐男高管》，光明网，2012 年 5 月 7 日（http://www.chinadaily.com.cn/micro - reading/dzh/2012 - 05 - 07/content_ 5844735. html）。

均为 20340 元，省会城市教师年工资收入与村小教师年工资收入相差 13244 元，前者是后者的 1.65 倍。年工资收入位于第二位、第三位以及第四位的分别为地级城市教师、县级城市教师、乡镇学校教师，其年工资收入分别为 33062 元、21795 元、20510 元。① 从数据来看，五个层级教师的年工资收入存在较大差异。同时，就节日福利来讲，这五个层次差距也很大，最高的为省会城市教师，所调查的 4 所省会城市小学的年福利值（换算成金额）分别为 2500 元、2000 元、1200 元、800 元，其均值为 1625 元；节日福利最低的为村小教师，所调查的 7 所村小教师年福利值分别为 350 元、280 元、200 元、150 元、105 元、90 元、50 元，其均值为 175 元，省会城市教师的节日福利是村小教师节日福利的 9.29 倍。节日福利位于第二位的是地级城市教师，所调查的 3 所地级城市小学教师的年福利金额分别为 1100 元、900 元、450 元，均值为 816 元，是村小的 4.67 倍；第三位是县级城市教师，两所小学节日福利分别为 600 元与 250 元；第四位是乡镇小学教师，两所小学节日福利分别为 400 元与 300 元。教师节日福利的差异与工资收入的差异表现出明显的一致。②

正是由于存在比较大的工资和福利差异，导致农村教师不安心于农村，寻求各种机会调出，从而导致农村中小学教师始终是不足的，而不足就会不断补充新鲜的血液，因此农村调入的教师比例也会偏高。换句话说，巨大的工资和福利差异，导致农村老师特别是优秀的农村教师不断调出、新老师不断调入。从某种程度上说，农村已经成了县镇优质教师的主要来源地，相当于是一个为县镇培养优质教师的练兵场。

---

① 张源源：《义务教育城乡教师职业分层问题研究》，博士学位论文，东北师范大学，2011 年，第 62 页。

② 张源源：《义务教育城乡教师职业分层问题研究》，博士学位论文，东北师范大学，2011 年，第 66—67 页。

（二）教师劳动力市场特征与农村教师调入、调出比例偏高

教师的劳动力市场也具有二元特征。判断二元劳动力市场是否存在，劳动力能否在主次劳动力市场间自由流动是一个重要的判定标准。古典经济学家不否认二元劳动力市场的存在，但认为不同劳动力市场间劳动力的自由流动可以改变劳动力市场分割的状态，即流动存在时，随着教育的普及可以实现人力资本回报的相同，劳动力市场并不会被分割。但事实上，处于不同劳动力市场中的群体，尽管人力资本是相同的，但由于在两个劳动力市场间存在流动障碍，并不能实现自由流动，因而也就无法改变收入不平等的现状。从这个角度讲，中小学教师的二元劳动力市场是存在的。

从教师流动情况看，城市的中小学教师流动到农村，或者农村中小学教师直接流动到城市，或者城市之间教师的流动，基本上是比较困难的，这两种劳动力市场之间存在很大的流动障碍；而县镇、乡镇、农村之间的教师却在不同程度上存在流动情况，而且基本上是单向的一种流动。这也基本上解释了为什么城市的中小学教师队伍比较稳定，而县镇次之，农村调入、调出比例最高。东北师范大学张源源博士在调查中发现，县级市学校有过流动经历的教师共计 25 位（参与调查的县级市教师共有 35 位），占总数的 71.4%。其中，9 位教师是从乡镇小学流动到县城小学的，占县级市流动教师的 52.3%。从乡镇流动到县级市教师的知识测量成绩看，教学知识的平均分为 63.89 分，高于县级市小学教师的教学知识平均分——60.8 分。这表明，从乡镇流动到县级市的教师专业知识水平较高，这种流动是以乡镇学校损失优质劳动力为代价的，即参与从乡镇流动到县级市的教师人力资本存量较高，是乡镇学校优质劳动力的流失。在乡镇学校与村小之间也存在比较频繁的教师流动。其中，乡镇教师有过流动经历的共 18 人，占乡镇教师样本总数的 40%，村小教师有过流动经历的共 18 人，占村小教师样本总数的 43.9%。在乡镇学校与村小

有过流动经历的 36 名教师中，有 15 名教师从村级小学流动到乡镇级小学，他们的教师专业水平测量平均分为 42 分，略低于乡镇学校教师的平均专业水平 45.8 分；共有 6 名教师在村级小学间进行流动，他们的专业水平分为 39.5 分，低于乡镇教师的专业水平分（45.87 分），但高于村小教师的平均专业水平分（38.54 分）。[①] 也就是说，农村小学教师，特别是优质的农村小学教师，不仅会流入乡镇，农村小学之间的流动也相对比较频繁，这是农村教师调入、调出比例居高不下的主要原因。

① 张源源：《义务教育城乡教师职业分层问题研究》，博士学位论文，东北师范大学，2011 年，第 108—109 页。

第 六 章

经济学视角下教师资源配置的
合理性和有效性标准

　　合理地配置教师资源，是促进我国义务教育均衡发展的前提和保障。但怎样配置公共教育资源才是合理的、有效的呢？依据系统工程中系统目标理论：任何系统的目标都是系统效益最大。也就是说能够使局部效益和整体效益统一、经济效益和社会效益统一，系统整体效益最大化的资源配置应该是合理的、有效的。而教育过程是一个在空间上处于不同阶段，以不同形态相互衔接和转移，在时间上交叉过渡的复杂过程。为此，能促进教育系统在不同的发展阶段、同一阶段内部子系统之间都应当协调发展的教师资源配置才是合理的、有效的。换句话说，也就是优质教师资源在不同学校之间应当保持合理的比例，以保证整个教育系统整体的发展。依照这个思路，本章采用合理性和有效性来衡量教师资源的配置效果。就社会效益而言，义务教育的均衡发展是我国现阶段教师资源配置是否合理的唯一标准；有效性的判断标准则是借鉴"效用理论"，判断教师资源的配置能否产生最大的效用，即包括社会效益、经济效益。

第一节　经济学视角下的义务教育阶段
教师资源配置的合理性标准

任何走向有序的系统都是动态系统，教育系统也一样。在教育系统发展的不同阶段，评价教师资源配置是否合理的标准也是不同的。而现阶段，当教育公平问题成为教育系统发展中的突出问题时，能否促进教育公平发展则理应成为判断教育资源是否合理的首要标准。

一　义务教育的属性与我国现阶段义务教育的主要目标

（一）义务教育的属性

1. 公共产品理论

从产品属性的角度讲，义务教育属于公共产品。公共产品理论最早由美国经济学家保罗·A. 萨缪尔森在《公共支出的纯理论》一文中提出，按照这一理论，全部社会产品分为公共产品、私人产品和准公共产品三类。萨缪尔森在 1998 年修订出版的第16 版《经济学》中，将公共产品定义为"公共产品是这样的物品，扩展其服务给新增消费者的成本为零，且无法排除人们享受的物品"。① 根据公共产品的定义，人们归纳出公共产品的两个特征：一是消费的非竞争性，即增加一个消费者的边际成本为零，或增加新的消费者后不会减少原有消费者的消费水平；二是消费的非排他性，即受技术或成本的限制无法排除任何人（包括不付费者）的消费。同时具有这两个特征的产品（包括服务，

---

① 保罗·A. 萨缪尔森、威廉·D. 诺德豪斯：《经济学》，机械工业出版社（英文影印版）1998 年版，第 36 页。

下同）就属于公共产品，典型的公共产品有国防、社会治安等。[1] 私人产品就是那种只向为其付款的居民或企业提供，且在消费上有竞争性的物品，如食品、衣物等生活用品。如果把公共产品和私人产品视为两个极端，则介于二者之间的则是准公共产品或混合产品，它们兼具公共产品和私人产品的属性。

2. 义务教育的产品属性

教育这种产品，具有一定的特殊性，很多学者都对教育产品的属性进行分析与讨论。厉以宁在几篇文献中都论述过教育的产品属性，他主要从教育提供者的身份和教育经费负担方式的角度出发，确认教育的产品属性。他提出，我国存在五类教育：具有纯公共产品性质的教育，基本具有公共产品性质的教育，具有准公共产品性质的教育，基本具有私人产品性质的教育，具有纯私人产品性质的教育。他特别强调，政府提供的义务教育阶段的教育属于纯公共产品性质。[2] 王善迈也认为，不同级别与类别的教育，其产品属性特征不尽相同，如义务教育和非义务教育，学历教育和非学历教育，民办教育和非民办教育，等等。有的更接近公共产品，有的则更接近私人产品。义务教育属于公共产品，非义务教育属于准公共产品。[3] 为什么是公共产品，他给出的理由是：义务教育是强制的，必须免费，义务教育具有广泛的社会效益，不能通过市场交换提供，而且义务教育具有消费上的非排他性。

同时，义务教育的属性会因经济发展水平不同而不同。经济发展水平越高，教育产品的公共属性就越强。比如：小学教育在

---

[1]　袁连生：《论教育的产品属性、学校的市场化运作及教育市场化》，《教育与经济》2003 年第 1 期。

[2]　厉以宁：《教育的社会经济效益》，贵州人民出版社 1995 年版，第 80—83 页；《关于教育产品的性质和对教育的经营》，《教育发展研究》1999 年第 10 期。

[3]　王善迈：《社会主义市场经济条件下的教育资源配置方式》，《教育与经济》1997 年第 3 期。

经济发展水平很低、文盲率较高时，其个人的经济收益率很高，其私人产品的属性就会凸显出来，而当经济发展到一定程度时，当义务教育已经普及时，接受义务教育并不能直接给受教育者带来多少经济收益，义务教育更多的表现为公共产品的属性。

综合分析专家学者的意见，笔者认为，在我国现阶段，义务教育是公共产品。原因如下：（1）义务教育具有很强的公共产品属性，它是通过立法规范受教育者家庭以及各级政府的行为；（2）在普及了义务教育的地区，某个人接受了义务教育并不会妨碍其他人也接受义务教育，即义务教育具有消费上的非竞争性；（3）虽然义务教育也给受教育者个人和家庭带来了客观的直接利益，但与其强大的社会效益相比，与其他形式的教育相比，义务教育无疑是最接近纯公共产品。

（二）现阶段我国义务教育教师资源配置的主要目标

1. 现阶段我国义务教育发展目标

《国家中长期教育改革和发展规划纲要（2010—2020）》第四章是关于义务教育的，总共提出了三个目标：巩固提高义务教育水平；推动义务教育均衡发展；减轻中小学生课业负担。其中还特别强调"均衡发展是义务教育的战略性任务。建立健全义务教育均衡发展保障机制。推进义务教育学校标准化建设，均衡配置教师、设备、图书、校舍等资源"。在第二十一章的重大项目和改革试点中，分两次提到"义务教育均衡"：首先是在组织实施重大项目中提出"义务教育学校标准化建设。完善城乡义务教育经费保障机制，科学规划、统筹安排、均衡配置、合理布局"。在组织实施改革试点中再次提出："要组建义务教育均衡发展改革试点"。①

---

① 《国家中长期教育改革和发展规划纲要（2010—2020）》，中央政府门户网站，2010 年 7 月 29 日（http：//www.gov.cn/jrzg/2010－07/29/content_ 1667143. htm）。

2009 年 11 月 7 日，全国推进义务教育均衡发展现场经验交流会在河北省邯郸市闭幕。教育部部长袁贵仁出席闭幕会议并讲话。他特别强调："各地要把义务教育作为教育改革与发展的重中之重，把均衡发展作为义务教育的重中之重，把义务教育均衡发展作为国家推动教育发展的奠基工程和贯彻落实《义务教育法》的重要工程。"①

由此可见，在我国现阶段，适龄儿童基本上都是有学可上，人们追求的目标是享受同等质量的义务教育。义务教育的不均衡是目前制约我国义务教育发展的主要矛盾，国家将义务教育的均衡发展确立为我国未来义务教育发展的主要目标。

2. 现阶段我国义务教育教师资源配置的目标

与义务教育的发展目标一致，现阶段义务教育教师资源配置发展的目标是教师资源需求与供给的相对均衡，因为教师资源配置的均衡是教育均衡发展的基础和前提。教师资源均衡发展的主要内涵就是合理配置教师资源、全面提升教师群体素质，要求政府提供的办学条件要基本平等，分阶段、分步骤地使城乡之间、学校之间教师资源诸要素均衡协调发展。

二　义务教育阶段教师资源配置的合理性标准

（一）义务教育阶段教师资源配置合理性标准是"均衡"

当义务教育均衡发展问题成为教育系统发展中的突出问题时，能否促进义务教育的均衡发展则理应成为判断教育资源是否合理的首要标准，即能否促进义务教育均衡发展应该是现阶段判断教师资源配置是否合理的标准，或者说，"均衡"地配置教师资源就是合理的。

对义务教育而言，均衡地配置教师资源是衡量教师资源在不

① 教育部部长袁贵仁：《把均衡发展作为义务教育新目标》，新华网，2009年 11 月 7 日（http://news.sina.com.cn/c/2009 - 11 - 07/201018998039.shtml）。

同学校、不同地区以及城乡之间配置是否合理的标准；对薄弱学校、薄弱地区以及农村义务教育的倾斜是衡量教师资源流动是否合理的标准。

这个合理性的标准是由义务教育的属性决定的。根据"谁受益谁付费"的观点以及义务教育的属性，许多国家都将举办义务教育视为政府的基本职责之一。在我国，对政府在义务教育阶段的责任，也有明确的法律规定。《中华人民共和国教育法》第18条就规定："国家实行九年制义务教育制度。各级人民政府采取各种措施保障适龄儿童、少年就学。"此外，《中华人民共和国义务教育法》及《实施细则》对政府采取的各种措施做出了具体的规定。比如，举办义务教育的各级政府应当提供与适龄儿童、少年数量相适应的校舍及其他基本教学设施；确保具有按编制标准配备的教师和符合义务教育法规定要求的师资来源；具有一定的经济能力，能够按照规定标准逐步配置教学仪器、图书资料和文娱、体育、卫生器材等。概括地说，政府在义务教育中的责任有：首先，必须提供符合规定的经费、师资与相关物质设施设备，保障适龄儿童有学可上；其次，必须在经费、师资与相关物资设施设备方面不断提高水平，从而提高义务教育的整体水平。

但是，既然义务教育是国家行为、政府行为，是政府用纳税人的钱来办的"公事"，它应该是公众受益的，公众在义务教育的享受上也应该是平等的，这里的平等不仅包括平等的入学机会，也包括平等的受教育条件，即接受同等质量的义务教育。换句话说，不仅要保障所有适龄儿童、少年有学可上，而且也要尽可能使其接受合格的、办学条件大体相当的学校教育。政府必须对所有接受义务教育的儿童和少年一视同仁。所以，政府在义务教育中的责任还必须包括：合理分配经费、师资与相关物资设施设备，使儿童享受质量水平基本相当的教育。

在我国，基本上已经普及了义务教育，也就是说，适龄儿童基本上已经有学可上，现在人们对教育公平的不满，更多地反映在质量层面，主要表现在对不同学校之间办学条件差异的不满和对更多优质教育资源的渴望。从办学条件上讲，义务教育的均衡发展，不同地区之间、城乡之间、同一地区的不同学校之间，经费、物资设施和设备是比较容易达到均衡的，而教师资源是最为关键，但也是最不容易均衡的。

（二）现阶段我国义务教育阶段教师资源"均衡"配置的准则

一般来讲，师资配置的均衡状态可从三个方面来衡量：一是合格教师的数量能够满足教育发展整体需求；二是教师的素质达到一定时期国家提出的质量标准；三是教师队伍的结构与教育发展需求结构相符。[①]

如何均衡地配置教师资源，通常有两种选择：其一，边际平等，即立足于分配范围，把可以分的资源平等地分配给分配对象，而不考虑每一对象原有的基础。其二，整体的均衡，即不平等地分配可以分配的教师资源，以祈求分配结果上的平等。这种整体的均衡也称为"积极歧视"或"反向歧视"。选择这种资源配置方式的直接理论依据是罗尔斯的"差别原则"，即用不平等的手段实现平等的正义原则。这一原则要求"对先天不利者和有利者使用并非同等的而是不同等的尺度，也就是说，为了事实上的平等，形式上的平等要打破，因为对事实上不同等的个人使用同等的尺度必然会造成差距"。[②] 这个原则在解决物质教育资源的配置问题上是可行的，也是能够短期见效的。但促进师资均衡配置所涉及的问题远比改造校舍、增添教学设备、改善教育教学

---

① 柳海民、杨兆山：《我国义务教育均衡发展问题研究》，东北师范大学出版社 2007 年版，第 181 页。

② 约翰·罗尔斯：《正义论》，中国社会科学出版社 1988 年版，第 25 页。

设施等物质教育资源均衡配置的问题复杂得多。[①] 教师资源的配置，不是增加投入在短期内就能见效的。

在现阶段，我国义务教育阶段师资均衡配置不能强制优秀教师到边远地区、农村或者城市的薄弱学校，也不能把师资按学历、职称、性别、年龄等要素重新来一次平均分配，更不是把高水平的学校拉下来，以"削峰填谷"的形式把师资重新平均分配到各个学校。教师资源的均衡配置只能是通过政策倾斜、制度创新，鼓励优秀教师到边远地区、农村或者城市薄弱学校；并且通过政策倾斜、制度创新等逐步提高低水平学校教师的教育教学水平，进而提高教育质量，让每一位适龄儿童享受到质量基本均等的教育。换句话也就是说，运用教育政策和制度进行"积极歧视"，促进我国教师资源的均衡配置。如果一个政策或者制度通过"积极歧视"，能够促进低水平学校教师的教育教学，能够缩小不同学校之间的教育差距，那么，这项政策或者制度就是"合理"的。

第二节　经济学视角下义务教育阶段教师资源配置的有效性标准

教育资源配置的有效性标准就是系统目标理论中谈到的"整体效益最大化"，这里采用的是"总效用"最大化。之所以采用"效用"而非"经济效益和社会效益"，主要是想借助"效用理论"，将资源投入的不同对象视同为有生命的个体，以更加深入地讨论教师资源配置过程中应当遵循的现实依据。

---

① 赖秀龙：《区域性义务教育师资均衡配置的政策研究》，博士学位论文，华东师范大学，2011 年，第 12 页。

一　效用、边际效用和总效用

（一）效用

效用理论是微观经济学中消费者行为理论中的重要组成部分，有基数效用论和序数效用理论。所谓的效用就是指物品满足个人需要的能力，或者说是人们从商品的消费中所得到的满足。[①] 由于度量效用的难度很大，所以通常只是在严格地限定条件后才谈具体的效用值问题。

（二）边际效用

边际效用是指每增加消费一单位的某种商品或服务而增加的效用。[②] 与边际效用有关的规律主要有两个：一是边际效用递减规律，即在一定时间内，在其他商品的消费数量不变的条件下，随着消费者对某种商品消费量的增加，消费者从该商品连续增加的每一消费单位中所得到的效用增量，即边际效用是递减的[③]。二是边际效用均衡规律。当资源投入总量确定时，要使得总效用最大，则各种商品的边际效用应该相等。

（三）总效用最大的条件

具体用公式可解释如下：假设一个消费者只有两种商品可以选择，则消费者的效用函数可表示为 $U = f(q_1, q_2)$；q_1 的边际效用为 $f_1 = \partial U / \partial q_1$，$q_2$ 的边际效用为 $f_2 = \partial U / \partial q_2$；总效用最大的条件是 $f_1 = f_2$；若是 n 种商品，则 $f_i = \partial U / \partial q_i$，$i = 1, 2, \cdots, n$，总效用最大的条件是 $f_i = f_j$，即任何两种商品的边际效用都相等。

总效用和边际效用的关系可以用图6—1表示如下：

①　百度百科（http：//baike. baidu. com/view/34045. htm）。

②　Alain Chateauneuf，"Risk Seeking with Diminishing Marginal Utility in a Non – Expected Utility Model"，*Journal of Risk and Uncertainty*，Vol. 9，1994.

③　Marjaana Gunkel，*Country – Compatible Incentive Design*，Wies – baden，Deutscher Universitats – verlag，2006，pp. 91 – 101.

效用

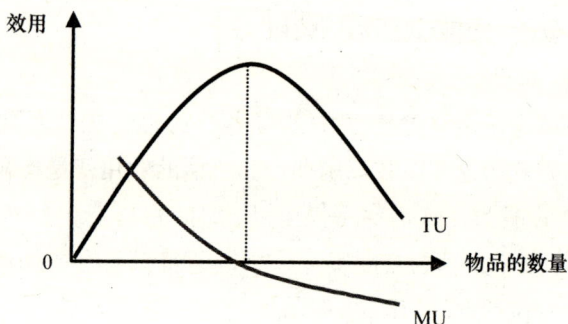

0 物品的数量

TU

MU

图6—1 总效用和边际效用的关系

二 义务教育阶段教师资源配置的有效性标准

借鉴效用、边际效用、总效用和边际效用的两个基本规律，分析教师资源的效用。

（一）教师资源的效用、边际效用和总效用

1. 教师资源的效用和边际效用、总效用

根据效用的定义和经济学中边际理论的概念，教师资源的边际效用是在教师资源的配置过程中，对某一学校的每增加一名具有一定能力水平的教师所引起的效用的增加量；教师资源的边际效用是教师在教育教学过程中体现出来的。例如，某个学校新进了一名教师，缓解了学校教师短缺的矛盾，这名教师承担了一定的教育教学职责，这对于学校人才培养、教学研究和事业发展都会形成一定增量（即效用形成一定增量），这个增量就是该教师的边际效用。

教师资源的总效用是该学校的所有教师资源以及由于教师资源而引起的教育经费、人力资源、物力资源等各方面的消耗形成的效用的总和。相对于教育经费等资源，教师资源具备人力资源的基本特征，比如说生物性、能动性、动态性、可再生性、社会性等，不同教师的能力水平是不同的，而且同一个教师在不同的组织中可以发挥的作用也是不同的。但为了简化问题，假定这批教师的质量是相同的，假定拥有相同学历、职称的教师质量也是相同的。教师资源的效用、边际效用和总效用三者之间的关系可以用数学语言表述如下：

令：X 为一定数量相同资质的教师

U_i 为某教师进入第 i 个学校后所产生的效用

U 为这批教师资源所产生的总效用

则有：教师进入第 i 个学校所产生的边际效用 $= \dfrac{\mathrm{d}U_i}{\mathrm{d}x}$

总效用 $U = \sum\limits_{i=1}^{n} U_i$

2. 教师资源的边际效用规律

同样根据西方微观经济学中的有关理论，可以得到教师资源边际效用的两个重要规律：边际效用递减规律和边际效用均衡时总效用最大规律。

（1）边际效用递减规律：将某一质量层次的教师，以一定数量分配给某个学校，学校会分配教师担当一定的教育教学任务，虽然在一般情况下，学校的总效用会有所增加，但是该质量层次的教师所产生的边际效用将随着教师数量的增加而逐渐降低。比如：学校在合格的英语教师短缺的情况下，得到一名英语教师，英语教学对培养人才非常重要，那么这位教师所产生的边际效用就非常高，不能没有。之后，在英语老师基本能够满足学校的需求之后，再得到一名同样质量层次的英语教师，则其产生的边际效用就会低于第一位教师。同样，在学校缺乏学科带头人的情况下，得到一名高职称、高学历的优秀教师，对学校的教育教学、对其他老师的示范作用都很大，产生的边际效用很大；但之后，在学校的同样质量层次的教师越来越多后，后面的老师所产生的边际效用就会低于第一位教师。以此类推，就是教师资源的边际效用递减规律。

用数学语言可以描述为：

$$\frac{\mathrm{d}U_i}{\mathrm{d}x} \geq 0, \quad \frac{\mathrm{d}}{\mathrm{d}x}\left(\frac{\mathrm{d}U_i}{\mathrm{d}x}\right) = \frac{\mathrm{d}^2 U_i}{\mathrm{d}x^2} < 0$$

即虽然随着某一层次教师数量的增加，教师资源投入第 i 个学校所产生的效用 U_i 也随着增加，但其边际效用 $\frac{\mathrm{d}U_i}{\mathrm{d}x}$ 则逐渐降低。

（2）边际效用均衡（即相等）时总效用最大规律：当国家某层次教师资源的总量 C 一定时，要使教师资源投入所产生的总效用取得最大值，则投入各个学校的最后一名新增教师所产生的边际效用应当相等。即：设 x_i 是第 i 个学校最后加入的一名教师，则当 $\frac{\mathrm{d}U_1}{\mathrm{d}x_i} = \frac{\mathrm{d}U_2}{\mathrm{d}x_i} = \cdots = \frac{\mathrm{d}U_L}{\mathrm{d}x_i} = \cdots\frac{\mathrm{d}U_n}{\mathrm{d}x_i}$ 时，总效用 U 取得最大值。

为了更加明确地说明这个问题，假设有若干名某质量层次的教师，仅需在两个学校之间进行配置。

设：该质量层次的教师的总数量为 C，C 是一个常数。

对第一个学校的教师投入数量为 x_1，产生的效用为 $U_1(x_1)$；

对第二个学校的教师投入数量为 x_2，产生的效用为 $U_2(x_2)$；

总量为 C 的教师投入第 1、第 2 所学校所产生的总效用为 $U(x_1, x_2)$。

则 $x_1 + x_2 = C$

$U = U_1(x_1) + U_2(x_2)$

在约束条件 $\varphi(x_1, x_2) = x_1 + x_2 - C = 0$ 下求 $U(x_1, x_2)$ 的条件极值，这时拉格朗日函数为：$F(x_1, x_2, \lambda) = U(x_1, x_2) + \lambda\varphi(x_1, x_2) = U_1(x_1) + U_2(x_2) + \lambda(x_1 + x_2 - C)$

当取到条件极值（总效用最大）时，应该有：

$$
\begin{cases}
\dfrac{\partial F}{\partial x_1} = \dfrac{\mathrm{d}U_1}{\mathrm{d}x_1} + \lambda = 0 \\[2ex]
\dfrac{\partial F}{\partial x_2} = \dfrac{\mathrm{d}U_2}{\mathrm{d}x_2} + \lambda = 0 \\[2ex]
\dfrac{\partial F}{\partial \lambda} = x_1 + x_2 - C = 0
\end{cases}
$$

即有 $\dfrac{\mathrm{d}U_1}{\mathrm{d}x_1} = \dfrac{\mathrm{d}U_2}{\mathrm{d}x_2}$

同样，当该层次的 C 名教师在 n 个学校之间进行配置时，对应的数学模型是在约束条件 $x_1 + x_2 + \cdots + x_n - C = 0, x_i \geqslant 0$ 下，总效用 $U(x_1, x_2, \cdots, x_n) = \sum\limits_{i=1}^{n} U_i(x_i)$ 的条件极值。

（二）义务教育阶段教师资源配置的"有效性"准则

根据边际效用理论和边际效用规律，总效用最大的条件是 $f_i = f_j$，所以，如果假定某一质量层次的教师没有差异，那么义务教育阶段教师资源配置的有效性标准是平等、均衡。

套用一句话，在义务教育阶段"不平等就意味着浪费"。义务教育的目的是提高国民素质，因此义务教育阶段的教育应该是同质的，一定质量层次的教师资源对于有的学校、有的家庭、有的地区来说是"锦上添花"，对有的则是"雪中送炭"，二者所产生的边际效用是不同的，而效用理论与边际效用理论对配置教师资源的直接启示在于：（1）在考虑对某个学校进行教师资源投入时，首先应当考虑教师对该学校能否产生正效用，即是否有利于该学校培养更多更好合格公民；（2）教师资源对某个学校投入时，不仅看投入是否形成效用，还应当重视其边际效用，因为边际效用是"单位教师"投入后形成的效用增量，是体现效用的重要尺度；（3）边际效用的递减规律告诉我们，在一定条件下，对某个学校持续投入某一质量层次的教师所产生的边际效用会低于前面投入时产生的边际效用。因此，政府应当制定相应的政策和制度，考虑同一质量层次的教师在不同学校产生的边际效用不同的事实，不仅考量某个学校教师的整体效用，更要考虑进入该学校的最后一名教师所产生的边际效用。整体的引导原则应当是先"雪中送炭"，再"锦上添花"，直到同一层次教师资源在不同学校所产生的边际效用基本相等时，才能使总效用值达到最大。

　　总之，合理性和有效性标准最终是殊途同归的，即在我国现阶段，"均衡"地配置教师资源，不仅能促进我国义务教育的公平发展，从而缓解义务教育发展过程中的主要矛盾，而且能够充分有效地利用我国有限的教师资源，从而提高义务教育阶段资源配置的效率。

第七章

促进义务教育阶段我国教师资源均衡配置的策略

义务教育的公共产品属性决定了政府是实现教育公平的一个重要角色。基于资源优势和权力优势，政府必然在许多方面处于主导地位。系统科学中熵的概念告诉我们，一个系统要走向有序，必定是开放的，总熵必定是减少的。研究义务教育阶段教师资源的配置问题也可以借用熵的概念，用结构熵表征教师资源配置的有序程度，用环境熵表征教师资源配置的环境。政府所创造的环境熵，是影响义务教育阶段教师资源配置有序程度的重要因素。因为，在教育方面，一个好的和负责任的政府，会通过不断调整自身的定位来积极影响教育发展的进程。① 本章以部分外国政府在解决教师资源配置问题中的做法以及我国政府近些年已经做出的努力为基础，讨论我国政府在促进义务教育阶段教师资源均衡配置中可以有哪些现实选择。

---

① 盛冰：《转型时期政府的教育公平责任及其边界》，《教育研究》2007 年第 11 期。

第一节 他山之石,可以攻玉——部分外国政府 解决教师资源配置问题的政策和措施

各国政府都针对自己国内的教育公平问题,做出了积极的反应,从法律保障、政策推进、制度健全等各个维度,充分调动一切可以调动的政府资源,促进本国教育的公平发展。在促进教师资源的均衡问题上,各国政府的做法惊人地相似:制定生师比标准;投入专项基金,保障教师工资;对艰苦地区或农村教师发放特殊津贴;制定相关的教师流动制度;提高整体教师队伍的专业水平。

一 制定不同层次的生师比标准

生师比是衡量基础教育发展水平和公平水平的重要指标,各国均对中小学生师比有明确的标准。

"标准化"是日本义务教育均衡发展的重要途径,涵盖办学条件的标准化,教师资格的标准化等各项内容。日本于 1958 年出台了《义务教育标准法》,该法的具体名称叫"公立义务教育诸学校的班级编制和教职员定数标准法",具体规定了班额标准和教职员标准。而后,班额标准和教职员标准历经变革,《义务教育标准法》也被多次修改。班额的规定以人数为标准,比如,1964 年规定班额不能超过 45 人,到 1980 年调整为 40 人①;而教职员标准则是根据班额人数和《义务教育标准法》给定的法定算式计算而来。

为解决生师比均衡化问题,南非也制定了学校教师岗位的国家标准,对教师分配进行重新部署,加大对教师不足地区的教师

---

① 高益民:《义务教育标准法与日本义务教育均衡发展》,《比较教育研究》2011 年第 10 期。

分配力度。这些标准对于降低生师比例，保障那些历史上处于弱势地位的地区能够获得更多的教师岗位等具有重要作用，从而促进了不同地区、不同学校生师比的均衡化。在教师岗位规定的国家标准内，各省根据全国教师岗位规定模式的指导，来设置各省自己的教师岗位规定目标。[①]

二　投入专项基金促进教师资源的均衡配置，制定相应法律保障教师工资

投入专项基金，促进教师资源的均衡配置。在美国，教师素质是在学校教育中提高学生学业成绩的重要因素，因此，21 世纪初美国基础教育政策都很关注教师的质量问题。《2007—2012年教育发展战略规划》强调指出，确保所有学生由高素质教师来教授，特别是核心科目；而贫困地区和少数民族学生不应该再由不具备资格或没有经验的教师来教。[②] 政府出台的《美国复苏与再投资法案》规定，通过奖励教师来实现教师的公平分配，联邦政府设立 50 亿美元奖励资金和创新基金，其中 43.5 亿美元奖励资金用于提高教师教学成效和促进教师公平分配。[③] 凡是申请领取基金的各州和地方，在申请时提交的改革计划中必须包括将高素质的教师公平地分配于各所学校和各个班级的内容。《改革蓝图》特别提到优秀教师和校长作为关键教育资源的公平分配。因为优秀教师和校长的公平分配将会有效地缩小学生学业成绩的差距，所以，应该实施公平分配教师的新策略，使每

①　丁秀棠：《南非推动义务教育均衡发展的主要机制与措施分析》，《比较教育研究》2007 年第 3 期。

②　单中惠、勾月：《试析 21 世纪初美国基础教育公平政策》，《外国中小学教育》2011 年第 4 期。

③　U. S. Department of Education, Washington, D. C., "Guidance on the State Fiscal Stabilization Fund Program", April 2009（http：//www. ed. gov/programs/statestabilization/guidance. pdf）.

一所学校都有优秀的教师和校长，支持州和地区增加高需求地区优秀教师和校长的数量。①

为了保障教师的工资，很多国家均通过立法的形式将义务教育阶段教师的工资纳入国家公务员或地方公务员系列，由中央或较高层次的地方财政承担。法国、韩国、泰国、埃及等国家均将义务教育阶段的教师工资全额纳入中央财政预算，中央财政通过国民教育部把全国义务教育教师的工资直接划拨到教师个人账户；日本义务教育阶段的教师工资由中央财政和地方财政各负担一半；德国义务教育阶段教师工资主要由州政府承担，它将教师工资直接划拨到教师个人账户；美国教师工资虽然由地方学区支付，但由于地方学区经费的半数来自州政府的财政补助拨款，因此实际上是由州和地方学区共同负担。②

逐步提高教师的工资，提高教师队伍质量。教师的素质是教育改革和发展的前提，而教师的工资缺乏竞争力也是普遍存在的问题。美国教师联合会（American Federation of Teachers，简称AFT）对美国教师的工资状况进行了年度调查，并于2007年3月29日公布了调查报告，指出教师平均工资的增长赶不上经济增长的速度；教师工资的增长也没能赶上工人工资的增长速度。③用新的工资激励机制来激发教师的工作热情，吸引优秀人才加入到教师队伍也是各国普遍认可的策略。日本政府在工资制度上，鼓励高学历毕业生和在高学段任教的教师到中小学任教。

---

① U. S. Department of Education, *Office of Planning*, *Evaluation and Policy Development*, ESEA Blueprint for Reform, Washington, D. C. , 2010, p. 13.

② 王娟涓、徐辉：《国外城乡义务教育均衡发展的经验及启示》，《外国中小学教育》2011年第1期。

③ AFT, AFT Salary Survey, "Teachers Need 30 Percent Raise Teacher Pay Insufficient To Meet Rising Debt, Housing Costs in Many Areas" (http://www.aft.org/salary/2005/download/AFT2005 Salary Survey.pdf).

规定日本教师的工资收入一般标准是，初中和小学 > 幼儿园 > 高中 > 大学①。

三　促进教师流动

（一）通过教师资格证等管理措施来促进流动

加拿大政府也通过政策和法规的形式促进教师在全国范围内的自由流动。依照《内部贸易协定》（*Internal Trade Agreement*）规定，全力建设一个稳定、高效的境内教师流动市场。具体规定如下：各地的教师资格认证具有全国的通用效力；各地的教育部门建立相应机制，以便教师进行跨省和跨区域认证；各地设立明确的规范对教师认证进行审查。②

英联邦成员国（如南非、英国等），欧盟成员国（如芬兰、西班牙等），也都通过制定联盟教师流动协议，以保障教师资源输出国向教师资源匮乏国输出教师的合法化和规范化③。

韩国政府为了解决教育发展不均衡所引发的各种矛盾和社会问题，制定和实施了"标准化教育"政策，其中重要的一项就是实施教师流动制度，规定教师每四年流动一次，确保各中小学

---

① 李玉兰、亦冬：《英日印三国的中小学教师工资制度》，《比较教育研究》2005 年第 5 期。

② The Council of Ministers of Education，Canada［EB/OL］，2009 - 01 - 03（http：//www. cmec. ca/Programs/mobility/teachermobility/Pages/default. aspx）.

③ W. John Morgan，Amanda Sives & Simon Appleton，*Teacher Mobility*，"*Brain Drain*"，*Labor Markets and Educational Resource in the Common Wealth*，Educational Paper Issued by the Central Research Department of the Department for International Development，2006，pp. 1 - 5，143 - 163；Directorate General for Internal Policies of the Union，*Mobility of School Teachers in the European Union*，Report No. IP/B/CULT/IC/2008 - 008，2008 - 05 - 12：1 - 65.

师资力量的均衡配置。①

（二）特殊津贴促进流动

为了鼓励教师到农村任教，各国还给予农村教师额外补贴，提供各种优厚待遇，这些政策和措施为城乡师资力量的均衡起到了重要作用。美国 2007 年颁布的《农村教师保留法案》明确规定，在农村任职至少三年的中小学优秀教师才可以获得工资红利奖金。日本政府 1954 年的《偏僻地教育振兴法》（1974 年第四次修订）就规定，市、町、村的任务之一是"为协助在偏僻地区学校工作的教员及职员的住宅建造及其他生活福利，应采取必要的措施"。同时还规定，都、道、府、县对在条例指定的偏僻地区学校或与其相当的学校工作的教职员，发给"偏僻地区津贴"，月津贴额在工资及扶养津贴月额总数的 25% 以内。当教职员工因工作地点变动或随校搬迁到偏僻地任教时，从变动或搬迁之日起三年内，对其发放在本人月工资和扶养津贴总额的 4% 以内的偏僻地区津贴。此外，还有其他形式诸如寒冷地区津贴、单身赴任津贴等。② 巴西政府规定基础教育发展与教师专业发展基金的 60% 必须用于教师的培训和工资的提高，并设立"直接到位补贴经费"为贫困地区教师工资的发放提供经费保障。菲律宾实施艰苦工作津贴以鼓励农村教师，农村教师除享有基本工资之外，还享有各种福利补贴，同时在普通拨款法令中明文规定，对于到学校上课有困难的教师，如学校与家庭距离 10 千米以上，在没有通公交车的情况下，应发放特别交通补助。

2004 年，俄罗斯联邦政府对《联邦教育法》做出修改，给农村地区的教育工作者以生活条件和公共服务方面的优惠，

---

① 吴慧平：《韩国的平等教育制度解读》，《外国中小学教育》2008 年第 9 期。

② 汪丞：《日本中小学教师"定期流动"保障机制研究》，《外国中小学教育》2012 年第 9 期。

并用资金的方式予以补贴。为改善农村教师的生活条件，俄联邦国家杜马在 2010 年 1 月 14 日讨论通过了《关于教育工作者社会保障措施的俄联邦法案修正案》，进一步完善了农村教师的社会保障制度。① 该法案明确规定：（1）在农村地区生活和工作的教师享有免费的住房及照明、取暖等社会保障措施；（2）各项措施将惠及教师的所有家庭成员，不论其劳动能力如何；（3）各项措施的经费支出由俄联邦政府保障，各联邦主体在任何情况下都不能降低为农村地区的教师所提供的福利待遇；（4）在农村地区工作不少于 10 年的教师将获得联邦政府发放的养老金。②

（三）定期评估流动水平

美国政府采取了各种措施，力图通过补充教师资源来解决"教师留住危机"（Teacher Retention Crisis）③，推动教师的均衡配置和合理流动；2001 年《不让一个孩子掉队》法案专门提出设立"全国教师流动委员会"④（National Panel on Teacher Mobility），专门对各州教师的流动进行定期调查和评估，以促进全国境内优秀教师的有效流动，尤其鼓励教师向师资短缺、难以吸引和留住教师的州流动。

在教师流动方面，不得不提的是日本。日本教师"定期流动

---

① 刘楠、肖甦：《21 世纪以来俄罗斯推动义务教育城乡均衡发展的政策述评》，《比较教育研究》2011 年第 8 期。

② Перенесено обсуждение законопроекта о поддержкесельских учителей［DB/OL］（http：//www. gazeta. ru/edu cation/2010/01/14_ n_ 3311730. shtml. 2010－01－16/2010－05－23）.

③ National Comission on Teaching and America Future, *No Dream Denied*, *A Pledge to America's Children*, Washiton D. C. , 2003.

④ US. Department of Education, *The No Child Left Behind Act of* 2001, 2009－01－03, Public Law of PL, p. 107－110（http：//www. nochildleftbehind. com）.

制"已实行了七十多年，实践证明，该制度在促进日本教育均衡发展进而提升教育质量上是非常成功的，也是结合了制定相关法律、统一教师资格证、完善管理措施、特殊津贴补偿、定期评估等各种手段和措施。日本的教师流动机制主要有以下特点：（1）法律规定教师有流动之义务。日本法律规定，公立学校教师属地方公务员，日本政府对这类公务员流动的管理有一套规范的制度和法律（主要是在公立基础学校之间流动，全国公立基础教育学校教师平均每6年要换一所学校，多数中小学校长一般3—5年就流动一次）。① （2）政府主导，确保师资均衡配置。由于日本公立中小学教师具有公务员身份，其定期流动是由政府直接主导、组织和调控的。日本各级政府除了制定教师流动的法规政策和实施程序外，都、道、府、县教育委员会每年都要制定中小学教师流动的方针及其细则。在制定方针时，教育委员会必须认真考虑都市学校和乡村学校之间、偏僻地区学校和非偏僻地区学校之间教师的双向交流；流动后，同一学校教师的专业、年龄、资格、男女比例等构成的合理性；在同一学校长期任职者岗位需要变动等问题②。 （3）流动过程规范。由于是政府主导，日本中小学教师定期流动具有程序化、制度化和公开透明等特点。首先，11月上旬，由县（都道府）一级的教育委员会根据各级政府制定的教师流动的法规政策和实施程序发布教师定期流动的实施要旨、工作方针及细则，内容包括地区的指定，有关原则、要求等。其次，全体教师都填写一份调查表，其中包括流动的意向。再次，由校长充分尊重本人意愿并与之商谈后，决定流动人选，并报上一级主管部门审核。最后，由县（都道府）教育委员会教育长批准（校长由教育长直接任命换

① 彭新实：《日本的教师培训和教师定期流动》，《外国教育研究》2000年第10期。

② 同上。

岗，本人也可以提出申请）。到第二年 4 月新学期前，流动教师全部到新学校上岗。[1]

四　教师的专业发展问题

在美国，《不让一个孩子掉队》法案规定：联邦"对州和地方实行绩效拨款，利用这些经费，学校将获得支持和具有必要的灵活性，通过为教师提供高质量培训，使之打下科学研究的基础，提高学术成绩。反之，各州也将为改进教师质量承担责任"。[2]《2002—2007 年教育发展战略规划》也提出为教师的专业发展提供有利的机会等措施。

瑞典政府在促进义务教育均衡发展措施中，特别注重对教师的培训。通过对教师教育以及在职培训，养成教师公平对待学生的态度和技能。教师通过专业技能的提升，了解什么样的方式能够或者不能够公平地对待学生，意识到学生背景对教育的影响，从而以可能的最好办法消除不利的影响。[3]

在法国，20 世纪 80 年代开始实施的"教育优先区"政策也强调，通过加强教师进修等措施促进一些教育落后的农村学校、薄弱学校的师资队伍建设，提高教师素质，稳定师资队伍，以保证教育质量有所提高。[4]

---

[1]　島根県教育委員会，「教職員の人事管理」（http://www.pref.shimane.lg.jp/kyoikuiinkai/pubrel/shimanenokyouiku/h20_ shimanenokyouiku.data/06.pdf）.

[2]　吕达、周满生：《当代外国教育改革著名文献美国卷·第四卷》，人民教育出版社 2004 年版，第 197、200 页。

[3]　薛二勇：《瑞典教育改革中的教育公平发展政策》，《比较教育研究》2009 年第 9 期。

[4]　王晓辉：《教育优先区："给匮者更多"——法国探求教育平等的不平之路》，《全球教育展望》2005 年第 1 期。

第二节　我国政府近些年解决义务教育阶段教师资源配置的主要政策和措施

义务教育师资在城乡、学校之间配置不均衡这一问题是我国的一个现实问题，但长期以来并没有得到政府的足够重视，很多有关师资队伍建设方面的统计数据缺乏公平与均衡的维度。近些年来，随着教育公平问题愈发引起社会各界的广泛关注，"师资扶贫"，即义务教育师资配置均衡化问题才开始得到政府的重视①，与此相关的政策逐渐多了起来。

特别是 2006 年新修订的《义务教育法》，突出了"办学条件均衡"。如第六条规定："国务院和县级以上地方人民政府应当合理配置教育资源，促进义务教育均衡发展，改善薄弱学校的办学条件"；第二十二条规定："县级以上人民政府及其教育行政部门应当促进学校均衡发展，缩小学校之间办学条件的差距，不得将学校分为重点学校和非重点学校"等，激发各级政府和研究者对教师资源配置问题的重视。

一　关于教师的工资保障问题

2001 年 3 月国务院颁布了《关于进一步做好农村税费改革试点工作的通知》，对进一步完善农村税费改革的有关政策进行了全面部署，其中特别指出要高度重视农村义务教育的稳定和发展，改革和完善农村义务教育管理体制，增强县级政府举办义务教育的责任，为义务教育提供经费保障，确保义务教育的健康发展。

2001 年 5 月国务院发布了《关于基础教育改革与发展的决

①　柳海民、杨兆山：《我国义务教育均衡发展问题研究》，东北师范大学出版社 2007 年版，第 145 页。

定》，明确规定了义务教育实行在国务院领导下，由地方政府负责、分级管理、以县为主的管理体制。在"以县为主"的管理体制下，县级人民政府对区域义务教育负有主要责任。根据规定，县级政府要加强对中小学教师的管理，尤其是要统一发放教师工资，设立教师"工资资金专户"，确保教师工资按时足额发放。同时，《决定》还提出中央和省级人民政府要通过转移支付，加大对贫困地区和少数民族地区义务教育的扶持力度。

2006年的新《义务教育法》第四章第三十一条明确规定："各级人民政府保障教师工资福利和社会保险待遇，改善教师工作和生活条件；完善农村教师工资经费保障机制。教师的平均工资水平应当不低于当地公务员的平均工资水平。特殊教育教师享有特殊岗位补助津贴。在民族地区和边远贫困地区工作的教师享有艰苦贫困地区补助津贴。"第六章第四十二条规定："国务院和地方各级人民政府将义务教育经费纳入财政预算，按照教职工编制标准、工资标准和学校建设标准、学生人均公用经费标准等，及时足额拨付义务教育经费，确保学校的正常运转和校舍安全，确保教职工工资按照规定发放。"

二　关于农村和偏远地区教师资源问题

1999年出台的《中共中央国务院关于深化教育改革全面推进素质教育的决定》明确提出：要"合理配置教师资源。各地要制定政策，鼓励大中城市骨干教师到基础薄弱学校任教或兼职，中小城市（镇）学校教师以各种方式到农村缺编学校任教，加强农村与薄弱学校教师队伍建设"。"采取优惠政策，吸引和鼓励教师到经济不发达地区、边远地区和少数民族地区任教。经济发达地区和城市也要采取多种形式，帮助少数民族地区和农村提高教师队伍水平。"

2006年教育部、财政部、人事部、中编办又联合颁发了《农村义务教育阶段学校教师特设岗位计划实施方案》，决定组织实施"农村义务教育阶段学校教师特设岗位计划"。从 2006 年起，用大约五年的时间实施，每年安排部分特设岗位，通过公开招募高校毕业生到西部"两基"攻坚县农村义务教育阶段学校任教，逐步解决农村地区师资力量薄弱和结构不合理等问题，提高农村中小学师资队伍的整体素质。2006—2008 年"特岗计划"的实施范围以国家西部地区"两基"攻坚县为主，继而，2009 年又把实施范围扩大到中西部地区国家扶贫开发工作重点县。据统计，2007 年的"特岗教师"招聘多数省份报考人数超过拟聘人数的 3—5 倍。从 2007 年起，国家对"特岗教师"中央财政专项资金支持标准也由最初的每年每人 15000 元提高到 18960 元，提高了 3960 元。①

2007 年《教育部直属师范大学师范生免费教育实施办法（试行）》发布，从 2007 年秋季入学的新生起，在六所部属师范大学实行师范生免费教育，免费教育师范生在校学习期间免除学费，免缴住宿费，并补助生活费，所需经费由中央财政安排。免费师范生入学前与学校和生源所在地省级教育行政部门签订协议，承诺毕业后从事中小学教育十年以上。到城镇学校工作的免费师范毕业生，应先到农村义务教育学校任教服务两年。这项措施从保障教师的培养费用入手，吸引更多的优秀学生到中小学，特别是农村中小学任教。2008 年教育部工作要点中明确提出"进一步加强教师队伍建设，重点提高农村教师素质，继续做好部属师范大学实行师范生免费教育试点工作，支持有条件的地方试行师范生免费教育"。

2010 年发布的《国家中长期教育改革和发展规划纲要（2010—2020）》也特别强调："以农村教师为重点，提高中小学教师队伍整体素质。创新农村教师补充机制，完善制度政策，吸

---

① 王友文：《农村教师"特岗计划"为西部输送 3.27 万名教师》，《中国教育报》2007 年 10 月 14 日第 1 版。

引更多优秀人才从教。积极推进师范生免费教育，实施农村义务教育学校教师特设岗位计划，完善代偿机制，鼓励高校毕业生到艰苦边远地区当教师。完善教师培训制度，将教师培训经费列入政府预算，对教师实行每五年一周期的全员培训。"

三　政府促进教师流动的相关法规和政策

1999 年《中共中央、国务院关于深化教育改革全面推进素质教育的决定》指出："各地要制定政策，鼓励大中城市骨干教师到基础薄弱学校任教或兼职，中小城市（镇）学校教师以各种方式到农村缺编学校任教。"2002 年，教育部《中小学教师队伍建设"十五"计划》明确提出"建立教师转任交流制度。管理和组织城镇教师到农村学校或薄弱学校任教。有条件的地区，先通过试点，逐步实现教师交流定期化、制度化。城镇中小学教师原则上要有一年在农村学校或薄弱学校任教的经历，方可聘任高级教师职务"。2002 年教育部《关于加强基础教育办学管理若干问题的通知》再次明确提出"建立校长、教师定期流动制"。2003 年，人事部、教育部《关于深化中小学人事制度改革的实施意见》第 19 条规定："建立城镇教师到农村或薄弱学校任教服务期制度。坚持城镇中小学教师晋升高级职务应有一年以上在农村或薄弱学校任教的经历。有条件的地区，通过试点，逐步实现教师合理流动的制度化。"第 21 条强调"积极推动中小学人员在校际、区域之间合理流动"。2003 年，《国务院关于进一步加强农村教育工作的决定》进一步提出了"建立城镇中小学教师到乡村任教服务期制度。地（市）、县教育行政部门要建立区域内城乡'校对校'教师定期交流制度。增加选派东部地区教师到西部地区任教、西部地区教师到东部地区接受培训的教师数量"。2005 年教育部《关于进一步推进义务教育均衡发展的若干意见》规定"要采取各种有效措施，建立区域内骨干教师巡回授课、紧缺专业教师流动教学、城镇教师到农村任教服务期等项制度"。

2006 年新《义务教育法》第三十二条明确规定："县级人民政府教育行政部门应当均衡配置本行政区域内学校师资力量，组织校长、教师的培训和流动，加强对薄弱学校的建设。"2010 年发布的《国家中长期教育改革和发展规划纲要（2010—2020）》在关于"义务教育均衡"中明确提出："切实缩小校际差距，着力解决择校问题。加快薄弱学校改造，着力提高师资水平。实行县（区）域内教师、校长交流制度。"正是由于国家一再将义务教育教师流动的主要责任划分到县，很多地方政府都制定了相关的政策、采取了一定的方法促使区域内的教师流动。

四　落后地区、薄弱学校、农村学校教师培训项目

2000 年 4 月，党中央和国务院发出了《关于推动东、西部地区学校对口支援工作的通知》，启动实施"东部地区学校对口支援西部贫困地区学校工程"和"西部大中城市学校对口支援本省贫困地区学校工程"，"两个工程"以义务教育阶段相对薄弱的学校为支援对象，以选派教师到贫困地区任教，帮助提高学校教育质量为重点。

2008 年开始，国家每年针对十七大提出的"加强教师队伍建设，重点提高农村教师素质"，实施"国培计划"。2008 年的"国培计划"项目有"支持西部边远地区骨干教师培训专项计划（采取教育部专项支持和'对口支援'相结合的方式，委托上海等东部省市和陕西师范大学等高师院校分别对云南等西部省区中小学骨干教师进行有针对性的培训）、普通高中课改实验省教师远程培训计划、中西部农村义务教育学校教师远程培训计划、中小学班主任专项培训计划、中小学体育教师培训计划"。之后的2009 年、2010 年、2011 年、2012 年每年都是在总结前一年经验的基础上，不断改进项目，对中西部骨干教师、中小学班主任、农村教师进行专项培训。

第三节　促进我国义务教育阶段教师资源均衡配置的对策

从中小学教师资源配置角度来说，近年来，我国政府做了大量的工作，教师水平也大幅提高。但是，城乡学校之间、重点学校与薄弱学校之间师资水平差距较大的状况却没有得到实质上的改观。但是在教师资源尤其是优质教师资源不足的客观条件下，实现真正意义上的义务教育师资均衡配置是很困难的。尽管如此，政府主导，从思想、体制和方法上进行创新，在不削弱优质学校的师资力量的前提下，提高薄弱学校师资力量，也是大有可为的。

一　完善教师管理体制

（一）强化教师编制标准，控制教师数量均衡

2001年10月国家发布《关于制定中小学教职工编制标准的意见》，制定了中小学教职工编制标准①（见表7—1）。

表7—1　　　　　　　　初中、小学教职工编制标准

学校类别	教职工与学生比	
初中	城市*	1：13.5
	县镇**	1：16
	农村	1：18
小学	城市	1：19
	县镇	1：21
	农村	1：23

注：＊"城市"指省直辖市以上大中城市市区。
　　＊＊"县镇"指县（市）政府所在地城区。

---

①　国务院办公厅转发中央编办、教育部、财政部：《关于制定中小学教职工编制标准意见的通知》，国办发〔2001〕74号，《中国法规大典（国家总库）》，2001年10月11日。

新的标准推动了各地中小学教职工编制核定工作，并取得重要进展。但是，执行中仍然暴露出了很多问题。

首先，从标准本身可以看出，国家对义务教育阶段城市、县镇和农村的标准是不同的。就拿初中来说，城市的教职工与学生比是 1:13.5，而农村是 1:18，也就是说，初中阶段，农村的一个教职工平均比城市的一个教职工多负担 4.5 个学生；小学阶段，农村的一个教职工比城市的一个教职工多负担 4 个学生，这其实就已经隐含和默认了城乡之间教师数量上的差异。

其次，标准并没有班额的限定，对班级人数超员没有制约。我国中小学的班额过大也是制约义务教育均衡发展的重要因素，而纯粹以生师比的指标并不全面。在美国、日本等国家，生师比的统计口径和我国不同，他们都有对班额的控制标准。在我国的生师比统计过程中，教师部分包括了教辅人员、管理人员等，他们有的根本不代课，有的代课很少，统一纳入生师比的计算中，无疑是不合理的，掩盖了班额大的现实问题。如果对班额有明确的限定，对教师编制标准是一个有力的补充。

再次，新的编制标准并未体现学科上的差异。而建立科学、合理的中小学教师编制标准，对于推动义务教育在城乡、校际之间的均衡发展，是十分必要的。事实上，教师编制标准的制定应该是受到众多因素（如学校数量、布局、规模，课程门类、课时数量，教师工作所要承担的任务与责任以及班级规模等）的影响的，标准的设计应该是分层的，并且在执行中应该是具有一定的变通性。

在促进义务教育均衡发展的过程中，南非等国家是加大对教师不足地区的教师分配力度，从这个角度讲，我国中小学教师编制标准应当做适当调整。首先，以均衡、弱势补偿为基本原则，适当向农村倾斜，而非目前的城乡倒挂。新编制标准实施以来，我国中小学教师尤其是农村教师编制大幅减少，整体数量压缩近10%[①]，而由于我国农村中小学的情况比较复杂，贫困地区尚存在很多的教学点，"一刀切"的标准会带来很大的负面影响。调整我国中小学刻板的编制标准，具体操作中可以采用直接增加农村教师编制的方法，也可以用"基本编制加附加编制的方法，对中小学教师编制进行动态管理"，在农村中小学教师基本编制减少的情况下，有必要通过附加编制，专为留守儿童设置专任教师和一定数量的生活指导教师。[②] 武汉市科委"规划项目《中小学教职工队伍优化配置与管理模式》"课题组根据国家颁布的教学计划周课时总数和相应的周工作天数，测算得到目前中小学拟采用的教师编制标准为：小学每班教师2.0人，初中每班教师2.72人，高中每班教师3.06人。[③] 其次，学科教师的编制应当作为第二层次的标准单列。教师编制确立后，如果编制偏紧，则首先被精简的就是学科老师。农村的外语、美术、音乐和体育老师严重短缺，很大程度上就是由于教师编制标准紧导致的。科学的教师编制标准，应当不仅规范基本的生师比，还应当细分，单列出每个学科所需的教师标准。最后，还应当在管理过程中实施监控，调整标准的执行情况，及时有效地动态调控。由于学校布局调整、生源变化等因素的影响，学校教师编制与教师实际数量之间常常会出现差异，需要经常性地核定学校教师的编制，特别是要清理在编不在岗人员，使人员、编制、岗位、工资相互一致，促

---

①　包松娅：《民进调研：中小学教师编制标准城乡倒挂待调》（http：//www.edu.cn/jiao_yu_ren_cai_zi_xun_52/20081225/t20081225_350093.shtml）。

②　柳丽娜、朱家存：《中小学教师编制城乡统筹研究》，《教育与经济》2009年第4期；韩小雨、庞丽娟、谢云丽：《中小学教师编制标准和编制管理制度研究》，《教育发展研究》2010年第8期。

③　俞良驹、周冬祥：《中小学教师编制标准问题初探》，《成才》2001年第6期。

进教师资源的合理配置。

（二）健全教师资格制度，在起点控制师资水平的基本相当

我国 1995 年颁布《教师资格条例》，教师资格在全国范围内不受地域限制，具有普遍适用的效力，这与加拿大、韩国、日本等发达国家的发展经验是一致的（美国是由各州自定教师资格标准或教师证书颁发标准，并未形成全国统一的教师证书制度），促进义务教育均衡发展，需要完善教师资格认证制度，规范认证过程，从起点上控制师资水平的差异。

1. 完善中小学教师资格证分类

我国目前的教师资格证种类主要按照学校类别，即幼儿园、小学、初级中学、高级中学、中等职业学校、高等学校等划分为 7 类。高级别教师资格自然向低级别融通，高级中学和中等职业学教师资格可以相互通用。① 在美国，各州的普通教师资格证书都按教师所教的科目和所担负的职责进行了分类，一般公立学校所开设的科目都有相应的教师资格证书。美国基础教育的普通教育科目可以分为：综合、语言、自然、社会、艺术、体育。这些科目都有相应的教师资格证书。不过有些州的教师资格证书科目划分得更细，按学科来划分，如数学教师资格证书、英语教师资格证书等。相当多的州还允许一个教师资格证书承载多个科目，如一个教师持有数学教师资格证书，他还想在物理学科任教，那么他只需满足物理教师不同于数学教师的认证标准即可，无须再认证其他标准，就可以在其持有的证书上添加物理学科的任教资格了。②

相比之下，我国中小学教师资格证分类比较笼统，融通的

---

① 范冰：《我国教师资格证书制度政策分析：一种国际的视角》，《教育发展研究》2003 年第 6 期。

② 周钧：《美国联邦政府对改革现行教师资格证书制度的政策》，《教师教育研究》2003 年第 11 期。

界限不明确，不仅不利于教师的专业化发展，也不利于教师的有效流动，不利于从起点上控制师资水平和师资结构。比如：在我国有些经济不发达地区，由于师资不足，同一个教师被迫承担几门学科的教学，如语文老师兼任音乐、美术、体育等副科的教师，这是极不科学的。解决这个问题的最好办法就是明确规定相近学科的教师资格证在达到认证标准后才可以融通，如：数学老师可以教物理、化学，语文老师可以教历史等。像音乐、美术却不是每个教师都可以教的。我国可以借鉴美国的做法，不同的科目都要求有相应的教师资格证，什么条件下，需要经过什么样的考核，相关的科目之间才可以融通等需要有明确标准。因此，我国的教师资格必须完善教师资格种类划分，在教师资格融通性方面要有全面、明确的规定，并且逐步向综合化、弹性化方向发展。

2. 取消教师资格证的终身制，为贫困地区、农村、薄弱学校教师提供更多的在职培训机会

我国现行教师资格证是终身制的，而目前，许多发达国家均在积极取消教师资格证的终身制。在美国，大部分州已取消了教师资格证书终身制，现在美国的教师资格证有效期一般为5—7年，想继续从教的教师在证书期满之前必须参加专门培训，修完特定的培训课程并通过考核获得新的教师资格证书，否则便不能继续任教。如美国威斯康星州规定教师资格证书必须5年更换一次，教师需拿到6个学分来更新证书。[①] 在韩国，过去教师录用以后，即使犯了错误，也很难辞退。随着"教员评价制度"的推行，这种状况将会改变。校长、校监、教师的教学指导方法和学校运营方式将通过同行教师、学生和家长来共同评价。如果评

---

① David Roth and Watson Scott Swain, *Certification and teacher preparation in the United States*, 2000 /11（http：//www. educationalpolicy. org）.

价不好，有可能被开除出教师队伍①，从而使教师的资格认证打破终身制。

在我国，为了促进教师素质的持续提高，理应取消教师资格认定的终身制，以动态、发展的观念重新设计教师资格认定制度，对中小学教师的资格证书进行更新认定。同时，由于目前我国的贫困地区教师和农村教师在职培训的机会很少，打破教师资格证书的终身制，也同时意味着国家需要给这些老师更多的培训机会。

同时，对教师资格进行多次的动态认证，意味着认证中的教师就是素质不断提高的教师，认证过程成为教师业务能力和水平持续提高的过程。而那些不思进取，不愿钻研和终身学习的教师，将会有被淘汰的危机感，可以由此给予鞭策，使有心继续从教者不断提高。

3. 提高教师资格证书的学历标准

目前我国的教师资格证申请条件中，小学教师资格证对学历的要求是"中等师范学校毕业及其他专科以上学历"，初级中学教师资格证对学历的要求是"高等师范专科学校及其他专科以上学历"。这与1999年颁布的《关于深化教育改革全面推进素质教育的决定》中提出的"2010年前后，具备条件的地区力争使小学和初中阶段教育的专任教师的学历分别提升到专科和本科层次"目标不一致，而且与其他的发达国家和发展中国家相比，学历水平的要求是比较低的。

在美国，即使级别最低的"短期教师资格证书"也要求申请者具有本科学历，长期证书是发给有3—5年教龄且拥有教育

---

① 李津：《韩国试行教员评价制度》，《中国教育报》（http://www. jyb. cn/gb/2005/11/25/zy/8 – zb/4. htm）。

硕士学位的教师。[1] 日本对不同种类教师资格证的学历要求就更加明确:"专修许可证"要求硕士毕业,可以担任幼儿园到高中阶段的教师、校长和教导主任;"一种许可证"要求大学本科毕业,具有学士学位,可以担当幼儿园到高中的老师和幼儿园到初中阶段的校长和教导主任;"二种许可证"要求大学本科毕业,学士学位,可以担当幼儿园到初中的老师,必须在一定年限内经过努力获得"一种许可证"。[2] 荷兰的教师资格证规定更加明确,小学1—6年级教师资格证的学历要求是硕士,初中7—9年级学科教学教师资格证的要求也是硕士。[3]

因此,我国的中小学教师资格证关于学历水平的要求是偏低的,过低的入职门槛不利于师资水平的整体提升。就我国目前的师范教育发展程度以及义务教育的发展水平来说,小学教师资格证的学历水平要求应当提高到大专,而初中教师资格证的学历水平要求应该提高到本科。在操作中也可以分步骤、分地区进行,比如对于特别是那些师资具有一定富余的学科首先提出高要求,而后逐步过渡到整体提高学历标准。也可以采取倾斜政策、激励机制,配置到农村学校、薄弱学校,以充实其师资力量。

二　义务教育阶段中小学教师公务员制度

教师的流动问题是影响教师资源均衡配置的主要问题,已经形成的教师的上位流动方式是导致教师资源配置恶化的主要原因之一,多向教师流动政策不能有效实施是制约教师资源配置的瓶

---

① 周小辰:《中美教师资格证有效性的比较研究》,《当代教育论坛》2010年第5期。

② 李其龙、陈永明主编:《教师教育课程的国际比较研究》,教育科学出版社2002年版,第136—137页。

③ Pasi Sahlberg, *Finnish Lessons: What can the world learn from educational change in Finland?* Teachers College, Columbia University, 2011, p. 79.

颈，借鉴日本、韩国的教师公务员制度，可能是解决我国教师资源配置问题的有效途径。

（一）中小学教师公务员制的理论和实践依据

1. 教师公务员制度的理论依据

"公务员"一词，是从外文"civilservant"或者"civilser-vice"翻译过来的。英文 public servant 原意是"文职服务员"、"文职仆人"，有人意译为"文官"或者"文官制度"，也有人译作"公务员"、"公务员制度"，有人译作"文职公务员"。美国则称为"政府雇员"（governmental employee）；日本在第二次世界大战前称"文官"，战后改称为"公务员"；法国一直称为"公务员"；联邦德国称为"联邦公务员"或"联邦官员"。当今世界，许多发达国家以及一些发展中国家都纷纷仿效英美等国，建立起自己的公务员制度，把政府中从事公务活动的人员称为"公务员"。①

在我国，2005 年的《中华人民共和国公务员法》规定：公务员是指依法履行公职、纳入国家行政编制、由国家财政负担工资福利的工作人员。我国目前的国家公务员分为政务和业务两类。

根据 1993 年《中华人民共和国教师法》的定义，"教师"是指在各级各类学校和其他教育机构中专门从事教育教学工作的专业人员。依照这个定义向下延伸，中小学教师就是在中小学专门从事教育教学工作的专业人员，任用制度主要是职务聘任。

自从《教师法》颁布以来，学者们就从未停止过对教师法律地位问题的探讨，而探讨的热点正是"教师"与"公务员"的关系。例如，张君主提出"当前教师这一群体所构成的劳动力市场还没有形成，更准确点说是正在形成之中，如果把教师定位为'雇佣'人员，这在当时的环境下是无法对这一概念做出明

---

① 百度百科——公务员（http://baike.baidu.com/view/6609.htm）。

确解释的。所以在这一时期教师仍应归为国家工作人员才是符合时代的要求"[1]；劳凯声则指出"教师虽不属于公务员系列，但却在诸如工资、福利待遇等诸多方面都是比照公务员制度来执行，这正清楚地体现了当时这种'准公务员'的身份特征标准"[2]。徐广宇则提出应将我国公立义务教育教师定位为雇员兼准公务员的身份。

从义务教育的产品属性来看，义务教育属于公共产品或者准公共产品，我国普及义务教育事业的国家事业性质和举办这类教育属政府行为决定了义务教育阶段教师职业的公务员性质。义务教育阶段的教师是代表政府履行职务的，他们从事的教育教学活动是一种执行公务的行为。他们如同政府机关的工作人员一样，承担着服务社会、执行公共事务的职能。所不同的是他们是实施教育教学的专业人员，执行的是"运用专业的知识和技能，进行教育教学"这项公务。因此，义务教育阶段的教师实际上承担着与公务员性质相同的工作，其身份理应归属公务员系列，并得到国家法律的确认和保护。

2. 教师公务员制度的实践依据

在法国、德国、瑞典、美国、韩国、日本等教育比较发达的国家，义务教育阶段的教师都是国家公务员，他们的职业由国家及地方公务员法来规范。

日本的教育行政分为中央教育行政与地方教育行政，中央教育行政机构为文部省，地方教育行政机构为地方教育委员会和市、町、村教育委员会。公立中小学教职员为地方公务员，在《地方公务员法》中对地方公务员的惩戒包括警告、减薪、停职、免职处分作了明确规定。日本公立学校教师的任用主要由

---

① 张君主:《教育学教程》，辽宁人民出版社 1995 年版，第 3—4 页。

② 劳凯声、郑新蓉:《规矩方圆——教育管理与法律》，中国铁道出版社 1997 年版，第 257 页。

都、道、县教育委员会负责。①

韩国于 1953 年也颁布了《教育公务员法》，并在 1963 年进行了全面修改，规定国立和公立学校的教师为特殊的公务员。美国的公务员，不仅包括行政部门的所有文职人员，而且还包括了公共事业单位的人员。② 根据德国《联邦公务员法》第二条的规定，联邦公务员系指在联邦内或在与联邦有直接隶属关系的公法社团、机构或财团服务，并具有公法上服务关系和信任关系的人。③ 由此可以看出，联邦德国的公立学校教师属于公务员。在法国，中小学教师是国家公务员，法国的师范生实际上在大学师范学院（DE9F）的第二年，就已经是公职人员并有工资了，毕业后便正式成为国家公务员。④ 此外，在瑞典、意大利、比利时、芬兰和葡萄牙等许多国家，公立学校教师都是公务员。⑤

（二）义务教育阶段教师公务员制对促进教师资源均衡配置的作用

1. 稳定教师队伍，优化教师队伍性别结构

现实中，教师的法律地位及其待遇规定是教师职业社会地位及声望的重要保障，也是吸引高素质师资的重要条件。⑥ 1994 年施行的《教师法》虽然规定了教师的工资水平应该参照当地公

---

① 程雅婷：《我国公立学校义务教育教师公务员地位研究》，硕士学位论文，重庆师范大学，2010 年，第 20 页。

② 应松年：《公务员制度基础》，高等教育出版社 1990 年版，第 3 页。

③ 刘兆兴：《德国行政法——与中国的比较》，世界知识出版社 2000 年版，第 94 页。

④ 亓俊国、姜红：《日法两国中小学教师任用管理模式比较》，《外国教育研究》2003 年第 7 期。

⑤ 银小贵、李龙刚、彭光明：《论公立学校教师公务员身份的确立》，《教育探索》2009 年第 4 期。

⑥ 庞丽娟、韩小雨：《我国农村义务教育教师队伍建设：问题及其破解》，《教育研究》2006 年第 9 期。

务员的工资，但在执行中遇到了诸多的困难。由于教师的身份未得到法律上的明确，不少地区特别是偏远山区、贫困地区和农村学校并未真正落实教师津贴问题，造成教师严重流失的后果，影响了教师队伍的稳定。[①] 利用法律形式确立教师公务员身份，教师的工资和福利待遇适用公务员法的相关规定，将会有效地解决教师的工资福利问题。

同时，将义务教育阶段教师纳入公务员系列，也是吸引更多的人才，特别是男性的有力措施。按照古典经济学的观点，我们每个人都是"经济人"，人们的选择都是理性的，特别是在选择未来职业方面，人的理性更加凸显。"公务员热"在近十年来一直处在"蹿升"状态，成为舆论关注的社会现象。在前面讨论的关于女性择偶倾向的职业选择中，"公务员"是女性普遍认可的男性职业选择，究其原因，就是公务员的身份象征着权力、声望、稳定的收入以及可靠的社会保障，而这些就构成了一个人体面生活的全部。而相对应的，中小学教师职业则是大部分女性普遍不作为优先选择的男性职业，这也是造成目前我国小学阶段、初中阶段男教师比例不断下降的主要原因之一。如果将义务教育阶段教师纳入公务员管理系列，将不仅吸引更多的女性加入，特别会吸引更多的男性加入，从而不仅促进教师队伍整体素质的提升，也会促使义务教育阶段教师的性别结构更加合理。

2. 促进义务教育阶段教师的多向流动

从1999年到2010年间，教育部制定了各种各样的政策，试图促进义务教育阶段教师的流动，交流政策由"鼓励"、"引导"、"积极推动"变成"强制"，政府干预教师交流的做法在不断强化。但由于政府强制推进的合法性不足，政策设计理念定位

---

① 国家教育督导团：《国家教育督导团关于对江西等六省（自治区）中小学校长教师管理情况专项督导检查公报》，（http://www.moe.edu.cn/edoas/website18/55/info18255.htm）。

不准，交流政策不配套①，教师交流的实效性仍然不佳。

我国 1993 年颁布的《教师法》就有关于教师与学校之间明确的规定，它规定教师与学校之间采取的是一种聘任合同制。而教师与政府之间的关系则是非常不明确的。我国的公立中小学校是一种服务性机构，政府授予我国公立中小学校不少有关人事和教育教学等方面的行政权，也就说明了国家对中小学教师具有一种行政属性的管理，但现实中，由于对义务教育阶段教师任用制度是"聘任制"，由作为聘任主体的学校来自主招聘、自主管理老师。因此，政府与老师之间的关系很难界定，由政府主导，通过教师流动来改善区域内师资配置的均衡合法性不足。

事实证明，如果只注意从外部制度与法律的角度对教师提出要求，而忽视教师自身的需要以及他们的主动性和积极性，任何政策的收效都肯定不大。目前在教师流动中主要存在两大问题：一个是教师特别是男性教师、优秀教师的流失问题，即一些男性教师或者优秀教师流向"公务员"或者其他职业。另一个是教师的单向上位流动问题，即从农村流向县镇，从薄弱学校流向重点学校。实现教师与公务员身份的重合，将有效地避免教师进入行政机关的单向流动，甚至会吸引一些公务员流向教师队伍，实现双向流动，缓解教师的流失问题。同时，将义务教育阶段的教师纳入公务员后，中小学校不再自主招聘教师、自主管理教师，而是将招聘教师的权力收归县级教育行政部门，由县级教育行政部门与教师签订聘任合同或行政合同，变"学校自主招聘教师"为"教育行政部门招聘教师"，变教师"学校所有"为"区域学校共有"。这样就明确了教师与政府的关系，作为为政府执行公务的教师，政府在任用过程中起到主导的作用，由政府统筹教师资源，可以制定相关的政策、法规，从聘用、评聘职称、升职等

①　陈鹏：《义务教育教师均衡配置的法理探源与法律重构》，《陕西师范大学学报》（哲学社会科学版）2010 年第 1 期。

各个环节入手，促进城乡之间、地区之间、学校之间的教师多向有序流动。

三　义务教育阶段教师的工资保障和特殊津贴问题

从本质上讲，如果想拥有一支数量充足、质量优良、结构合理的教师队伍，使其安心于义务教育这一基础性、公益性和义务性事业，政府就应该保证教师的待遇，使其与教师劳动力价值基本相符，这也是天经地义的。而且，要使教师们乐于从教，安于在农村、薄弱学校任教，就要在教师待遇的政策上保障他们的所得与他们的劳动付出及其社会贡献基本吻合。

（一）义务教育阶段教师的工资保障问题

1. 义务教育阶段教师的工资保障

我国义务教育阶段教师的工资问题，是制约义务教育阶段师资水平的首要问题。为了保障教师的工资，很多国家均通过立法的形式将义务教育阶段教师的工资纳入国家公务员或地方公务员系列，由中央或较高层次的地方财政承担。我国义务教育法也规定"教师的工资不低于当地公务员的工资"，但由于长期以来的"义务教育地方负责"制度，县级政府仅"以少于20%的财政收入，负担超过80%的义务教育支出"，"虽然中央、省、地（市）承担了农村义务教育阶段学生的学杂费和贫困学生的课本费，初步建立起危房改造机制，但教职工工资等占大头的人员经费仍全部由县级财政负担"。[①]　因此，不仅是教师的工资提高不能保障，就是低水平的工资也不能足额按时发放。即使在2003年《国务院关于进一步加强农村教育工作的决定》中特别申明"要建立和完善农村中小学教职工工资保障机制"，"落实省长（主席、市长）负责制，各地要抓紧清理补发历年拖欠的农村中小学教职

---

① 岳继勇：《对"新机制"的几点宏观思考》，《中小学管理》2007年第8期。

工工资，本《决定》发布后，国务院办公厅将对发生新欠农村中小学教职工工资的情况按省（自治区、直辖市）予以通报"之后，不仅历史拖欠没有解决，2004 年仍然出现了新的教师工资拖欠，"仅 2004 年 1 月至 9 月全国新欠教师工资就有 10 亿元之多，累计欠发工资高达 163 亿元；最新调查显示，仍有 28% 的农村中小学教师工资未能按时足额发放"。① 2005 年国务院又颁布了《关于深化农村义务教育经费保障机制改革的通知》，"省级人民政府要加大对本行政区域内财力薄弱地区的转移支付力度，确保农村中小学教师工资按照国家标准按时足额发放"，然而，抽样调查显示，2006 年仍有近 50% 的农村教师和县镇教师反映没有按时或足额领到津贴补贴。②

如何保障义务教育阶段教师工资，从发达国家的经验来看，将义务教育阶段的教师纳入公务员，由中央或较高层次的地方财政承担，则必然能有效地解决教师的工资保障问题，保障教师工资足额按时发放。

2. 制定提高义务教育阶段教师工资水平的科学标准

教师的工资是否具有吸引力，是否能够让优秀人才"愿意去"、"留得下"、"稳得住"，则需要制定科学、合理的教师工资标准。

一般来讲，某一行业收入水平的高低可从两个方面进行衡量，一是该行业人均收入与人均国民生产总值 GNP 之比，二是该行业人均收入与其他行业人均收入之比。比值越大，说明该行业的相对收入水平越高，越具有职业吸引力和竞争力。有研究表明，人均 GNP 越低的国家，教师收入指数（即教师平均收入与

① 尹力：《教师工资拖欠的困境与出路》，《当代教育科学》2006 年第 15 期。

② 《国家教育督导报告 2008（摘要）》，《中国教育报》2008 年 12 月 5 日，中国教育和科研计算机网（http：//www.edu.cn/edu_ liter_ 5272/20081205/t20081205_ 345129_ 3. shtml）。

人均 GNP 的比值）越高，发达国家教师收入指数在 1.8—2 之间比较合理，如日本、德国、加拿大等国家中小学教师的收入指数在此范围，发展中国家教师收入指数在 2.5—3.5 之间比较合理，如韩国、马来西亚等国家中小学教师的收入指数在此范围内，实践也表明，这些国家教师职业具有较大的吸引力，师资队伍比较稳定，教师素质也较高。[①] 而我国教师工资收入指数以上限计算一直维持在 2 左右，1999—2007 年间，小学收入指数最高是 1.2，初中教师的收入指数最高是 1.4，[②] 这与发展中国家教师收入的合理指数相比还是有比较大的差距，也是导致我国教师职业吸引力不足的主要原因。因此，在探索建立独立的中小学教师工资制度，突出中小学教师作为一种专业化职业的特点时，应以教师收入合理指数作为制定和提高教师工资的标准参照系，把其他机关、企业、事业单位平均工资水平作为相对参照系，应在现有基础之上，努力提高教师工资，使教师收入指数达到 2.5—3.5 的标准，使教师工资水平与机关、企业、事业单位工资水平相比具有比较优势。只有给予教师相对优厚的工资待遇，才能够使教师安心工作而不致流失，才能够吸引社会优秀人才充实教师队伍。

（二）贫困地区、农村学校教师的特殊工资和待遇

优质教师"向上流动"是教师自然流动的经济本性使然，"逆向流动"更多的是政治、行政等外部干预结果。从发达国家的经验来看，通过激励政策，激发教师内在动力，是促进教师流动的有效策略。常用的激励政策有物质的和非物质的两种，物质激励政策如额外的工资奖励、农村生活补助；

---

① 曲恒昌：《关于我国中小学教师工资收入的几个问题》，《高等师范教育研究》1995 年第 3 期。

② 王帅锋、杜晓利：《我国中小学教师工资增长的多角度透视》，《基础教育》2009 年第 1 期。

而非物质的激励政策如更多的培训机会、更快地晋升职称等。

在制定贫困地区学校、农村学校或城市薄弱学校教师的特殊津贴时，应当坚持以下原则：学校所在地区条件越艰苦，教师收入也就相对更高；在办学条件较差的学校工作的教师收入要高于办学条件较好的学校的教师；学校生师比越高，教师收入也越高；整体收入低的学校的教师、办学条件差的学校的教师、贫困地区的教师、农村的教师等应拥有更多的培训机会。国家应制定更为详细的教师津贴补贴方案，加大对西部艰苦地区教师、农村教师和薄弱学校教师的津贴补助力度。比如，对艰苦程度的划分应综合考虑地理环境、经济发展水平和基础设施等条件，并根据市场经济水平动态调整分类与津贴标准。对在农村学校工作的教师，应根据学校距离城区远近，按教师工资10%—20%的标准相应提高工资待遇，对于具有较高学历（本科及以上）的教师还应在此基础上再适当提高。在薄弱学校工作的教师，应根据学校办学条件和师资队伍建设的需要，按教师工资5%—10%的标准相应提高工资待遇。如广东省2001年起对支教教师评聘中、高级职称优先予以考虑；西藏自治区规定教师评优活动中，有基层学校支教经历的教师可优先评选，参与支教的教师，每人每月补贴100—200元，并同时享受支教学校和原学校的福利待遇；湖北省宜城市对城镇教师支教的每月补贴100元，对服务农村教育的高校毕业生，连续三年每年补贴5000元。

同时，地方政府还应制定一些非货币的优惠政策如给贫困地区或农村的教师，比如提供住房、缩短职称评定时间、更多培训与继续教育的机会等来激励教师去农村或贫困地区任教。

四　完善不同层次学校合作和培训机制，提高教师整体专业水平

在讨论"均衡"的概念时，一直在强调，均衡发展不是一刀切，不是平均，而是共同提高、共同发展。从师资质量角度来看，不同地区之间、城乡之间、校际之间师资队伍的质量有很大的差距，仅仅稳定部分骨干教师队伍，难以从整体上提高贫困地区、农村或薄弱学校师资队伍的素质，而要提高师资队伍的整体素质，则要采取能力建设政策，通过各种形式的合作和培训提高其他教师的素质。因此，在提高义务教育阶段教师的起点标准，促进教师资源流动的同时，不同地区之间、城乡之间、重点学校和薄弱学校之间的合作以及对贫困地区、农村和薄弱学校教师的培训显得至关重要。

（一）不同层次学校之间的合作

"东部地区学校对口支援西部贫困地区学校工程"和"西部大中城市学校对口支援本省贫困地区学校工程"的"两个工程"和"国培计划"应当坚持，在操作方法、执行方式上更加完善。

我国地方不同层次学校之间合作的主要方式是"支教"，以"支教"的方式支持贫困地区、农村和薄弱学校的发展，取得了一定的成效。比如 2000 年宁夏启动了"百名优秀教师支教工程"，从市区 16 个市、县（区）选派优秀教师到南部山区民族聚集乡（镇）的中小学任教；2004 年，湖北省实施"农村教师资助行动计划"，每年选拔一批优秀应届本科毕业生到农村乡镇中学任教；2000 年，黑龙江哈尔滨明确规定了学校一对一对口支援、教师轮换工作制度；2005 年，北京市制定了《北京市城镇教师农村教育暂行办法》等。

也有地方政府采用对口交流的方式，提升薄弱学校教师的专业能力。比如，广东省教育厅负责"市对市"的教师对口交流，地级以上教育行政部门组织建立辖区内"县对县"教师对口交流，县（区）教育行政部门组织建立辖区内"校对校"教师对口交流。安徽省实施"一托二"、"一托三"、"合作办学"教育帮扶工程，要求优质示范学校与两至三所学校对口帮扶，或合作办学。广西壮族自治区采用驻点支教、"结对子"支教、定点支教等形式支援农村教育。

同时，也有地方政府利用"联片教研"的方式，提升农村教师的教育教学能力。浙江省衢州市常山县，针对农村学校骨干教师缺乏，乡镇中心小学管辖的村小点多面广、教师编制紧张致使这些学校规模化教研活动开展有困难、学校教师不易获取外界信息等问题，开创了农村学校"联片研训"的教师发展新模式，即：由县教育局牵头，通过分区域开展中小学综合性教学研讨活动，组织城区、农村学校相互结对组成共同体等活动方式，为教师发展创设了新的平台，有力地推动各校教学工作再上新台阶。①

近两年，有些地方政府做出了更大胆的尝试。2011 年，西安市为了促进区域内学校之间的合作，实施"大学区管理体制"。即在区县域中小学中，由教育行政部门指定一所优质学校为学区长，吸纳 3—5 所同类型、同层次的成员学校组建一个大学区。规定学区长学校每年要向成员学校输出一定数量的管理干部和骨干教师来带动学区内学校的发展，从而优化教学资源配置。其中特别强调"建立教师流动机制，学区长可在学区内自主调配教师，从而优化教育资源配置。规定学区长学校每年要向成员学校输出一定数量的管理干部和骨干教师来带动成员学校的发展。在师资方面，各试点区公布的实施方案中均提出教师交流，让不同学校的学生有机会聆听优质学校教师授课"。

总之，从中央到地方再到学校的不同层次合作，对促进我国义务教育阶段教师资源配置的均衡水平有着重要意义，应当在坚持的基础上不断完善，不断寻找新的合作方式。

（二）完善教师培训机制，提升教师队伍专业水平

发达国家的经验告诉我们，教师的继续教育不仅对于教师各

---

① 彭金香、毛志伟：《农村学校"联片研训"与教师发展的新模式》，《上海教育科研》2010 年第 3 期。

种教育教学能力、业务素质的形成与提高则有着不可替代的作用，也是促进教师资源均衡配置的重要手段。当前，采取各种政策措施，提高贫困地区学校、农村学校、薄弱学校在职教师的专业水平，对于逐步缩小地区、城乡、校际之间师资水平的差距具有重要的现实意义。

1. 健全培训机制

实施教师全员培训，特别是对贫困地区学校、农村学校和薄弱学校教师的定期培训，是提升教师专业化水平，提高义务教育阶段教师资源均衡水平的重要手段。

首先，投入培训经费。相应的经费投入，是教师培训体系能够正常运转的保障。从激发教师在职学习的动力角度，或者将培训作为教师的一种福利的角度，都不应再让教师分担培训成本。根据我国中小学教师继续教育有关政策法律的规定，教师培训应设立专项经费。为此，有的地方以学校年度公用经费总额为基准，教师培训经费占5%，而有的地方则以教师工资总额为基准，教师培训经费占1.5%。但不管教师培训经费的参考基准和比例是什么，各地均需根据实际情况确定教师培训经费的参考基准和比例，并且建立培训经费增长机制，并把教师培训经费纳入县级以上教育财政预算中，单列出来专款专用，确保培训经费有稳定的来源并能够足额、按时到位。对于农村学校、薄弱学校，除了给予适当的倾斜外，在教师培训经费的参考基准和比例上还应做出明确的规定，使这些学校的教师培训得到更大力度的、经常性的政策支持。

其次，整合培训资源。目前，我国教师在职培训存在资源缺乏、管理分散、使用效率不高等现象。如何充分利用各种资源，努力拓展各种教育设施的潜在功能，发挥培训资源的综合作用，促进各种培训资源的开放与共享，是目前教师培训的一个重要课题。教师培训不仅要以师范类院校作为专业培养的主阵地，也要将校本专业成长与大学的教师教育、区域教师专业培训资源整合起来。比如，可以在不同区域内建立区域性教师学习和资源中心，整合培训、教研、科研、电教以及教师进修学校（院）等相关部门的资源，打破部门之间"各自为政"的局面。由教师学习和资源中心统一领导各部门，组织和实施教师培训工作，并完善相关制度，使各部门积极配合、相互支持，以实现资源共享，共谋教师发展的目标。

最后，健全培训评价机制。前面在讨论教师资格制度时，提出要废除我国教师资格的终身制，如果结合教师培训评价机制，则可以将教师继续教育作为衡量教师是否有资格再次获得教师资格证的必要条件之一。这在很多发达国家已经开始运作，比如前面提到的，美国威斯康星州规定教师资格证书必须 5 年更换一次，教师需拿到 6 个学分来更新证书，更换时既要考核平时教学工作的成绩，还要看 5 年内的进修情况。[①] 除了将培训作为继续获得教师资格证的必要条件外，还应制定相应的考评制度，考察教师在参与培训学习过程中的学习态度、学习内容和学习成果。比如，可以以电子档案的形式为教师建立在职培训档案，详细记载培训的基本情况。这样可以及时了解和掌握每位中小学教师的培训情况，避免重复、低效培训。

2. 优选培训内容

从知识论的角度来考查教师专业知识，无论职前培训还是在职培训，一般来说，主要指本体性知识和条件性知识两个大的知识体系[②]，但在培训内容的选择上面，职前培训和在职培训的侧重点还是应该有很大的不同。职前培养是一种普通师范教育，主

---

① David Roth and Watson Scott Swain. Certification and teacher preparation in the United States（http：//www. educationalpolicy. org，2000/11）.

② 本体性知识一般也称为学科性知识，即为教师所具备的专业学科知识以及作为其知识结构的重要框架，也就是"教什么"（what）；条件性知识一般也称为教育科学知识，指教师所必须具备的关于教育学、心理学、学科教学方面的知识，也就是"怎么教"（how）。

要提供一些基本的专业理论知识和技能；而职后培训则是为了提高教师的教育教学工作绩效以及职业满足程度，发展教师为胜任教育教学工作所需要的知识、技能和积极态度。因此，教师职后培训直接指向教师的特定工作或任务，以提升教师的职业水平、职业素养和职业行为技能为主要目的，比职前培养更具针对性、实用性和指向性。现实中，培训内容重复、繁杂、实践性不强往往是教师对职后培训活动参与积极性低、认同度低的重要原因。

为了促进义务教育阶段教师资源的均衡发展而对教师进行的培训，在培训内容的选择上要与教师培训周期、教师职业发展周期紧密结合，并充分考虑农村学校、薄弱学校教师的现实特征、专业水平、成长环境和培训需求。在操作中，对要培训的对象进行细分，比如，对于刚入职的教师、语文老师、数学老师、班主任、师德建设等进行分门别类的定期培训；针对农村学校、薄弱学校教师进行教育教学方法与手段、学科专业素养、乡土课程开发与教材建设、农村教育研究等方面的培训，使培训既能帮助教师解决教育教学中的现实问题，又能促进教师的专业发展。

3. 优化培训方式

传统的教师在职培训都是利用寒暑假，将各地的中小学教师集中到师资培训中心或者某个大学，统一安排住宿，按计划进行培训。这种以城市为中心的培训方式对于贫困地区或者农村教师而言，在时间和金钱上都是一个不小的压力。

2012年12月，陕西省中小学"名师大篷车"行动计划是陕西省教育厅与陕西师范大学教师培训学院合作，采用"送教下乡"的形式，将基础教育课程改革倡导的教学理念、教学方法、高校优质课程资源等送到广大基层学校，指导和帮助广大基层中小学教师进一步提升专业发展。[1] 这种培训方式无疑为农村教师

---

① 孙海华：《陕西"名师大篷车"开往乡村》，《中国青年报》2012年12月2日，第1版。

和贫困地区教师的培训拓开了一个新路——送培。所谓送培，就是为了便于贫困地区、农村中小学教师参与培训，在教师任教所在地开展培训活动。培训应聚焦教师教育教学中的具体问题，通过案例研讨、教学观摩、互动交流等多种形式，调动教师参与的主动性、积极性，激发教师学习、研讨的兴趣，帮助教师解决实际问题，切实提高他们的业务素质和能力。"送培"不仅可以改变农村学校教师难有机会接受培训尤其是优质培训的状况，也可节约成本，节省教师的时间，一举多得。为此，教育行政部门应精心组织，并在培训经费、培训师资等方面提供保障。

总而言之，教师培训的方式是千变万化的，确立教师在培训中的主体地位，不断创新、优化培训的方式，才能提高培训的实效性。

参考文献

中文参考文献

[1] 陈小娅：《以科学发展观统领我国基础教育的改革和发展》，《教育发展研究》2005 年第 4 期。

[2] 杨东平：《教育是社会发展的平衡器、稳定器》，《人民教育》2002 年第 4 期。

[3] 顾明远：《教育大辞典》，上海教育出版社 1998 年版。

[4] 于光远：《经济学大词典》，上海辞书出版社 1992 年版。

[5] 王惠清、胡彩业等：《教育行政原理》，湖南大学出版社 2006 年版。

[6] 顾明远主编：《教育大辞典》（第 7 卷），上海教育出版社 1990 年版。

[7] 王红：《论教育资源配置方式的基本内涵及决定因素》，《教育与经济》1999 年第 2 期。

[8] 卢晓旭：《基于空间视角的县域义务教育均衡测评问题研究》，博士学位论文，南京师范大学，2011 年。

[9] 金吾伦：《自然观与科学观》，知识出版社 1985 年版。

[10] 百度百科：《系统科学》（http：//baike. baidu. com/view/80024. htm）。

[11] 袁振国：《论中国教育政策的转变：对我国重点中学平

等与效益的个案研究》，广东教育出版社 1999 年版。

[12] 翁文艳：《教育公平与学校选择制度》，北京师范大学出版社 2003 年版。

[13] 安晓敏：《教育公平的指标体系研究——基于义务教育校际差距的实证分析》，博士学位论文，东北师范大学，2008 年。

[14] 马健生、孙珂：《美国教育公平的当代追求及其启示》，《比较教育研究》2011 年第 10 期。

[15] 皮拥军：《OECD 国家推进教育公平的典范——韩国和芬兰》，《比较教育研究》2007 年第 2 期。

[16] 贺武华：《英国"教育行动区"计划改造薄弱学校的实践与启示》，《教育科学》2006 年第 3 期。

[17] Shin – Bok Kim：《韩国教育模式的变革与发展》，《教育发展研究》2005 年第 10 期。

[18] 李文英、史景轩：《日本义务教育均衡发展的实现途径》，《比较教育研究》2010 年第 9 期。

[19] 彭刚、黄卫平主编：《发展经济学教程》，中国人民大学出版社 2007 年版。

[20] 百度百科：《发展中国家》（http：//baike. baidu. com/view/35156. htm）。

[21] 杨洪：《印度弱势群体教育发展与政策的研究》，博士学位论文，北京师范大学，2006 年。

[22] 李平：《20 世纪 80 年代以来印度农村教育改革》，硕士学位论文，云南师范大学，2005 年。

[23] 瞿葆奎：《印度、埃及、巴西教育改革》，人民教育出版社 1991 年版。

[24] 安双宏：《印度落后阶级受高等教育的机会》，《比较教育研究》2002 年第 8 期。

[25] 王长纯：《印度教育》，吉林教育出版社 2000 年版。

［26］丁秀棠：《南非推动义务教育均衡发展的主要机制与措施分析》，《比较教育研究》2007 年第 3 期。

［27］吴晓刚：《1990—2000 年中国的经济转型、学校扩招和教育不平等》，《社会》2009 年第 5 期。

［28］杨东平：《中国教育发展报告（2009）》，社会科学文献出版社 2009 年版。

［29］郭丛斌、闵维方：《家庭经济和文化资本对子女教育机会获得的影响》，《中国教育经济学年会会议论文集》，2005 年。

［30］梁雪峰、乔天文：《城市义务教育公平问题研究——来自一个城市的经验数据》，《管理世界》2004 年第 4 期。

［31］方长春、风笑天：《阶层差异与教育获得——一项关于教育分流的实证研究》，《清华大学教育研究》2005 年第 5 期。

［32］方长春、风笑天：《家庭背景与学业成就——义务教育中的阶层差异研究》，《浙江社会科学》2008 年第 8 期。

［33］陈友华、方长春：《社会分层与教育分流——一项对义务教育阶段"划区就近入学"等制度安排公平性的实证研究》，《江苏社会科学》2007 年第 1 期。

［34］郑淮：《略论我国的社会分层变化及其对教育公平的影响》，《华南师范大学学报》（社会科学版）1999 年第 2 期。

［35］杨东平：《对我国教育公平问题的认识和思考》，《教育发展研究》2000 年第 8 期。

［36］顾明远：《教育大辞典·教育哲学卷》，上海教育出版社 1992 年版。

［37］石中英：《教育机会均等的内涵及其政策意义》，《北京大学教育评论》2007 年第 4 期。

［38］谢维和：《教育活动的社会学分析——一种教育社会学的

研究》，教育科学出版社 2000 年版。

［39］杨东平：《高中阶段的社会分层和教育机会获得》，《清华大学教育研究》2005 年第 3 期。

［40］翟博：《教育均衡发展指数构建及其运用——中国基础教育均衡发展实证分析》，《国家教育行政学院学报》2007 年第 11 期。

［41］翟博：《教育均衡发展：理论、指标及测算方法》，《教育研究》2006 年第 3 期。

［42］于建福：《教育均衡发展：一种有待普遍确立的教育理念》，《教育研究》2002 年第 2 期。

［43］杨东平、周金燕：《我国教育公平评价指标初探》，《教育研究》2003 年第 11 期。

［44］翟博：《中国基础教育均衡发展实证分析》，《教育研究》2007 年第 7 期。

［45］李慧勤、刘虹：《县域间义务教育均衡发展的影响因素及对策思考——以云南省为例》，《教育研究》2012 年第 6 期。

［46］张天雪：《区域教育均衡发展的实践模式、路径与政策理路》，《教育发展研究》2010 年第 2 期。

［47］谈松华、袁本涛：《教育现代化衡量指标问题的探讨》，《清华大学教育研究》2001 年第 1 期。

［48］戴海东、易招娣：《和谐社会视域下的阶层流动与高等教育公平》，《教育研究》2012 年第 8 期。

［49］高丽：《教育公平与教育资源配置》，中国社会科学出版社 2009 年版。

［50］杜永红：《论我国高等教育大众化中的机会不均等》，《西南师范大学学报》（人文社会科学版）2006 年第 2 期。

［51］张玉林：《从数字看教育不公》，《中国改革》2004 年第 12 期。

［52］张应强、马廷奇：《高等教育公平与高等教育制度创新》，《教育研究》2002年第12期。

［53］杨东平：《教育公平的理论和在我国的实践》，《东方文化》2000年第6期。

［54］朱金华：《教育公平——政策的视角》，硕士学位论文，吉林大学，2005年。

［55］赖秀龙：《区域性义务教育师资均衡配置的政策研究》，博士学位论文，华东师范大学，2011年。

［56］管培俊：《以科学发展观指导教师队伍建设的认识论和方法论问题》，《教育研究》2009年第1期。

［57］王秋丽：《义务教育教师资源的均衡配置是义务教育公平的基础和前提》，《科技信息》2009年第6期。

［58］周彬：《我国城乡教师均衡配置的实证分析》，范国睿：《教育政策观察》（第1辑），华东师范大学出版社2009年版。

［59］文东茅：《义务教育师资配置均衡化的政策选择》，《教育理论与实践》2001年第11期。

［60］翟博：《教育均衡论：中国基础教育均衡发展实证分析》，人民教育出版社2008年版。

［61］周冬祥：《二元结构型城市教师资源配置的现状分析与对策研究——以武汉市中小学教师资源配置分析为例》，《教育与经济》2008年第3期。

［62］杨银付、韩民：《以教师资源的均衡配置促进义务教育均衡发展》，《中小学管理》2008年第2期。

［63］沈有禄、谯欣怡：《全国分地区普通小学教师资源配置差异分析》，《教育与经济》2010年第2期。

［64］曲铁华、马艳芬：《建国后我国基础教育师资非均衡发展研究》，《教育科学》2006年第6期。

［65］陈俊坷：《基础教育教师资源均衡发展的现状分析及对

策》，《教育导刊》2006 年第 4 期。

[66] 谈松华：《对教师资源均衡配置政策设计的几点思考》，《中小学管理》2008 年第 2 期。

[67] 王剑荣：《推进义务教育均衡发展的探索》，《学校管理》2002 年第 4 期。

[68] 赵世超、司晓宏：《关于在西部地区建立教师特殊津贴制度的思考与建议》，《教育研究》2002 年第 5 期。

[69] 宋松：《我国义务教育区域内均衡发展研究——以安徽省铜陵市为个案》，博士学位论文，苏州大学，2006 年。

[70] 李振村：《为了每一个孩子的幸福成长——山东省寿光市教育均衡发展透视》，《人民教育》2002 年第 3 期。

[71] 文东茅：《义务教育师资配置均衡化的政策选择》，《教育理论与实践》2001 年第 11 期。

[72] 褚宏启、高莉：《义务教育均衡发展评估指标与标准的制订》，《教育发展研究》2010 年第 6 期。

[73] ［美］珍妮·H. 巴兰坦：《教育社会学：一种系统分析法》，江苏教育出版社 2005 年版。

[74] 李强、吴中元：《天津市教育发展区域差异分析》，《东南大学学报》（哲学社会科学版）2008 年第 10 期。

[75] 司晓宏、王华：《教育财政转移支付与义务教育均衡发展》，《陕西师范大学学报》（哲学社会科学版）2006 年第 2 期。

[76] 中央教育科学研究所教育督导与评估研究中心（执笔人刘芳、史亚娟）：《我国义务教育县域均衡持续推进器》，《中国教育报》2009 年 12 月 2 日第 4 版。

[77] 杨颖秀：《基础教育均衡发展的政策视点》，《教学与管理》2002 年第 22 期。

[78] 谈松华：《论我国现阶段的教育公平问题》，《教育研究》1994 年第 6 期。

［79］ 翟博：《教育均衡发展：现代教育发展的新境界》，《教育研究》2002 年第 2 期。

［80］ 于建福：《教育均衡发展：一种有待普遍确立的教育理念》，《教育研究》2002 年第 2 期。

［81］ 毕正宇：《论教师资源合理配置与义务教育均衡发展之关系》，《天中学刊》2004 年第 4 期。

［82］ 教育部：《中国教育概况——2010 年全国教育事业发展情况（义务教育)》，2011 年 10 月 31 日，中央政府门户网站（http://www. gov. cn/test/2011 - 10/31/content_ 1982280. htm)。

［83］ 教育部：《2003、2005、2007、2009 年教育统计数据》，中华人民共和国教育部官方网站（http：//www. moe. edu. cn/)。

［84］ 吴飞燕：《从经济学的视角分析影响我国教师供给的因素》，《教育学术月刊》2010 年第 5 期。

［85］ 范先佐：《教育经济学》，人民教育出版社 1999 年版。

［86］ Martin Carnoy：《教育经济学国际百科全书》，闵维方译，高等教育出版社 2000 年版。

［87］ 刘理、涂艳国：《中部地区农村中小学教师队伍现状问题调研报告》，《教育发展研究》2005 年第 4 期。

［88］ 新京报：《义务教育体育老师缺编 30 万》，2012 年 12 月 02 日（http://politics. people. com. cn/n/2012/1202/c70731 - 19761941. html)。

［89］ 靳希斌：《教育经济学》，人民教育出版社 2005 年版。

［90］ 王婷：《中国西部农村教育成本、收益与家庭决策的实证研究》，博士学位论文，中国农业科学院，2009 年。

［91］ 中华人民共和国统计局编：《中国统计年鉴》，中国统计出版社 2001—2011 年版。

［92］ 潘锦棠：《北京女大学生就业供求意向调查分析》，《北京社会科学》2004 年第 3 期。

［93］ 陈莹：《男女比例严重失调，上海师范大学降 10 分网罗男生》，

2004 年 4 月 22 日，新华网（http：//news. xinhuanet. com/edu/2004 - 04/22/content_ 1433570. htm）。

[94] 凌文秀：《男女择偶观：男公务员和女教师最受欢迎》，2012 - 11 - 13，新华网——《齐鲁晚报》（http：//edu. sina. com. cn/official/2012 - 11 - 13/0940362006. shtml）。

[95] 秦一娥：《择偶男性最爱女老师 女性青睐男高管》，2012 年 5 月 7 日，光明网（http：//news. 163. com/12/0507/10/80T600Q800014AEE. html）。

[96] 张源源：《义务教育城乡教师职业分层问题研究》，博士学位论文，东北师范大学，2011 年。

[97] 保罗·A. 萨缪尔森、威廉·D. 诺德豪斯：《经济学》，机械工业出版社（英文影印版）1998 年版。

[98] 袁连生：《论教育的产品属性、学校的市场化运作及教育市场化》，《教育与经济》2003 年第 1 期。

[99] 厉以宁：《教育的社会经济效益》，贵州人民出版社 1995 年版；《关于教育产品的性质和对教育的经营》，《教育发展研究》1999 年第 10 期。

[100] 教育部：《国家中长期教育改革和发展规划纲要（2010—2020)》，2010 年 7 月 29 日，中央政府门户网站（http：//www. gov. cn/jrzg/2010 - 07/29/content_ 1667143. htm）。

[101] 袁贵仁：《把均衡发展作为义务教育新目标》，2009 年 11 月 7 日，新华网（http：//news. sina. com. cn/c/2009 - 11 - 07/201018998039. shtml）。

[102] 柳海民、杨兆山：《我国义务教育均衡发展问题研究》，东北师范大学出版社 2007 年版。

[103] 约翰·罗尔斯：《正义论》，中国社会科学出版社 1988 年版。

[104] 《边际效用递减规律》，百度百科（http：//baike. baidu. com/view/34045. htm）。

［105］盛冰：《转型时期政府的教育公平责任及其边界》，《教育研究》2007 年第 11 期。

［106］高益民：《义务教育标准法与日本义务教育均衡发展》，《比较教育研究》2011 年第 10 期。

［107］丁秀棠：《南非推动义务教育均衡发展的主要机制与措施分析》，《比较教育研究》2007 年第 3 期。

［108］单中惠、勾月：《试析 21 世纪初美国基础教育公平政策》，《外国中小学教育》2011 年第 4 期。

［109］王娟涓、徐辉：《国外城乡义务教育均衡发展的经验及启示》，《外国中小学教育》2011 年第 1 期。

［110］李玉兰、亦冬：《英日印三国的中小学教师工资制度》，《比较教育研究》2005 年第 5 期。

［111］吴慧平：《韩国的平等教育制度解读》，《外国中小学教育》2008 年第 9 期。

［112］汪丞：《日本中小学教师"定期流动"保障机制研究》，《外国中小学教育》2012 年第 9 期。

［113］刘楠、肖甦：《21 世纪以来俄罗斯推动义务教育城乡均衡发展的政策述评》，《比较教育研究》2011 年第 8 期。

［114］彭新实：《日本的教师培训和教师定期流动》，《外国教育研究》2000 年第 10 期。

［115］吕达、周满生：《当代外国教育改革著名文献》（美国卷·第四卷），人民教育出版社 2004 年版。

［116］薛二勇：《瑞典教育改革中的教育公平发展政策》，《比较教育研究》2009 年第 9 期。

［117］王晓辉：《教育优先区："给匮者更多"——法国探求教育平等的不平之路》，《全球教育展望》2005 年第 1 期。

［118］柳海民、杨兆山：《我国义务教育均衡发展问题研究》，东北师范大学出版社 2007 年版。

［119］王友文：《农村教师"特岗计划"为西部输送 3.27 万名

教师》，《中国教育报》2007 年 10 月 14 日第 1 版。

[120] 国务院办公厅转发中央编办、教育部、财政部：《关于制定中小学教职工编制标准意见的通知》，国办发［2001］74 号，《中国法规大典》（国家总库）2001 年 10 月 11 日。

[121] 包松娅：《民进调研：中小学教师编制标准城乡倒挂待调》（http：//www. edu. cn/jiao_ yu_ ren_ cai_ zi_ xun_ 52/20081225/t20081225_ 350093. shtml）。

[122] 柳丽娜、朱家存：《中小学教师编制城乡统筹研究》，《教育与经济》2009 年第 4 期。

[123] 韩小雨、庞丽娟、谢云丽：《中小学教师编制标准和编制管理制度研究》，《教育发展研究》2010 年第 8 期。

[124] 俞良驹、周冬祥：《中小学教师编制标准问题初探》，《成才》2001 年第 6 期。

[125] 范冰：《我国教师资格证书制度政策分析：一种国际的视角》，《教育发展研究》2003 年第 6 期。

[126] 李津：《韩国试行教员评价制度》，《中国教育报》（http：//www. jyb. cn/gb/2005/11/25/zy/8 – zb/4. htm）。

[127] 周小辰：《中美教师资格证有效性的比较研究》，《当代教育论坛》2010 年第 5 期。

[128] 李其龙、陈永明主编：《教师教育课程的国际比较研究》，教育科学出版社 2002 年版。

[129] 百度百科——公务员（http：//baike. baidu. com/view/6609. htm）。

[130] 张君主编：《教育学教程》，辽宁人民出版社 1995 年版。

[131] 劳凯声、郑新蓉：《规矩方圆——教育管理与法律》，中国铁道出版社 1997 年版。

[132] 程雅婷：《我国公立学校义务教育教师公务员地位研究》，博士学位论文，重庆师范大学，2010 年。

［133］应松年：《公务员制度基础》，高等教育出版社 1990 年版。

［134］刘兆兴：《德国行政法——与中国的比较》，世界知识出版社 2000 年版。

［135］亓俊国、姜红：《日法两国中小学教师任用管理模式比较》，《外国教育研究》2003 年第 7 期。

［136］银小贵、李龙刚、彭光明：《论公立学校教师公务员身份的确立》，《教育探索》2009 年第 4 期。

［137］庞丽娟、韩小雨：《我国农村义务教育教师队伍建设：问题及其破解》，《教育研究》2006 年第 9 期。

［138］国家教育督导团：《国家教育督导团关于对江西等六省（自治区）中小学校长教师管理情况专项督导检查公报》（http：//www. moe. edu. cn/edoas/website18/55/info18255. htm）。

［139］陈鹏：《义务教育教师均衡配置的法理探源与法律重构》，《陕西师范大学学报》（哲学社会科学版）2010 年第 1 期。

［140］岳继勇：《对"新机制"的几点宏观思考》，《中小学管理》2007 年第 8 期。

［141］尹力：《教师工资拖欠的困境与出路》，《当代教育科学》2006 年第 15 期。

［142］《国家教育督导报告 2008（摘要）》，《中国教育报》2008 年 12 月 5 日（http：//www. edu. cn/edu＿ liter＿ 5272/20081205/t20081205＿ 345129. shtml）。

［143］曲恒昌：《关于我国中小学教师工资收入的几个问题》，《高等师范教育研究》1995 年第 3 期。

［144］王帅锋、杜晓利：《我国中小学教师工资增长的多角度透视》，《基础教育》2009 年第 1 期。

［145］彭金香、毛志伟：《农村学校"联片研训"与教师发展的新模式》，《上海教育科研》2010 年第 3 期。

［146］孙海华：《陕西"名师大篷车"开往乡村》，《中国青年报》2012 年 12 月 2 日第 1 版。

外文参考文献

［1］NCTM（1989）. Curriculum and evaluation standards for school mathematic. ［DB/OL］（http：//links. jstor. org/sici？sici = 0040 – 5841％28200121％2940％3A2％3C93％3A％22FAHDW％3E2. 0. CO％3B2 – 7, 2004 – 12 – 12）.

［2］S. T. Lubienski，"Problem solving as a means toward mathematics for all：an exploratory look through a class lens"，*Journal for Research in Mathematics Education*，Vol. 31，No. 4，2000.

［3］C. Ames，"Classrooms：Goals，structures，and student motivation"，*Journal of Educational Psychology*，Vol. 84，No. 2，1992.

［4］Laurie E. Hart，"Returning to the root：A culturally relevant approach to mathematics pedagogy theory into practice"，*Journal of Educational Psychology*，Vlo. 34，No. 3，1995.

［5］Kevin Andrews and Michael Rothman，*Cultivating Innovation：How a Charter/District Network Is Turning a Professional Development Into Professional Practice*，Bloomington，Phi Delta Kappan，March 2002，p. 510.

［6］Chester E. Finn，Jr. and Marci Kanstoroom，*Do Charter School Do It Differently?* Bloomington，Phi Delta Kappan，September 2002，pp. 59 – 62.

［7］Margaret Gibelman，"Vicki Lens. Entering the debate about school vouchers：A social work perspective"，*Children & Schools*，Vol. 24，No. 4，2002.

［8］ Houston, Paul D. , *School vouchers: The latest California joke*, Bloomington, Phi Delta Kappan. September 1993, pp. 61 – 65.

［9］ Steven Hayward, "The neighborhood effect of school choice". *Policy Review*, 1999, 93: 47.

［10］ John F. Witte, *The Market Approach to Education: an Analysis of America's First Voucher Program*, Princeton University Press, 2000, pp. 229 – 251.

［11］ Pasi Sahlberg, *Finnish Lessons: What can the world learn from educational change in Finland?* Teachers College, Columbia University, 2011, pp. 56 – 80.

［12］ Grubb, N. , *Dynamic inequality and intervention: lessons for a small country.* Phi Delta Kappan, October 2007, pp. 105 – 114.

［13］ OECD (2005), "Equity in Education Thematic Review: Finland Country Note" (http: //www. oecd. org/dataoecd/ 49/40/36376641. pdf, 2006 – 9 – 12) .

［14］ Korean Educational Development Institute, "Brief Statistics on Korean Education" (http: //cesi. kedi. re. kr, 2006 – 8 – 10) .

［15］ Raftery Adrian E. , " Michael Hout. Maximally Maintained Inequality: Expansion, Reform, and Opportunity in Irish Education", *Sociology of Education*, Vol. 66, 1993.

［16］ Lucas Samuel R. , "Effectively Maintained Inequality: Educational Transitions and Social Background", *American Journal of Sociology*, Vol. 106, 2001.

［17］ Hout Michael. "Maximally Maintained Inequality and Essentially Maintained Inequality: Crossnational Comparisons", *Sociological Theory and Methods*, Vol. 21, No. 2, 2006.

[18] Cookson Peter, C. Persell. *Preparing for Power: America's Elite Boarding Schools*, New York, Basic Books, 1985, pp. 13 – 30.

[19] Guppy, Pendakur, "The Effects of Gender and Parental Education on Participation within Post – secondary Education in the 1970s and 1980s", *The Canadian Journal of Higher Education*, Vol. 19, No. 1, 1989.

[20] Hayden, Carpenter, "From School to Higher Education in Australia", *Higher Education*, Vol. 20, No. 2, 1990.

[21] W. Sander, "The Effects of Ethnicity and Religion on Educational Attainment", *Economics of Education Review*, Vol. 11, No. 2, 1992.

[22] Lynno Olson, "Finding and Keeping Competent Teachers", *Education Week*, Vol. 3, 2000.

[23] Dolton P., "The economics of UK teacher supply: The graduate's decision", *Economic Journal*, Vol. 100, No. 5, 1990.

[24] Alain Chateauneuf, "Risk Seeking with Diminishing Marginal Utility in a Non – Expected Utility Model", *Journal of Risk and Uncertainty*, Vol. 9, 1994.

[25] Marjaana Gunkel, *Country – Compatible Incentive Design*, Wies – baden, Deutscher Universitats – verlag, 2006, pp. 91 – 101.

[26] U. S. Department of Education, Washington, D. C., "Guidance on the State Fiscal Stabilization Fund Program", April 2009 (http://www. ed. gov/programs/statestabilization/guidance. pdf).

[27] U. S. Department of Education, *Office of Planning, Evaluation and Policy Development*, ESEA Blueprint for Reform,

Washington, D. C. , 2010, p. 13.

[28] AFT, AFT Salary Survey, "Teachers Need 30 Percent Raise Teacher Pay Insufficient To Meet Rising Debt, Housing Costs in Many Areas" (http://www. aft. org/salary/2005/download/AFT2005 Salary Survey. pdf).

[29] The Council of Ministers of Education, Canada [EB/OL], 2009 - 01 - 03 (http://www. cmec. ca/Programs/mobility/teachermobility/Pages/default. aspx).

[30] W. John Morgan, Amanda Sives & Simon Appleton, *Teacher Mobility*, *"Brain Drain"*, *Labor Markets and Educational Resource in the Common Wealth*, Educational Paper Issued by the Certral Research Department of the Department for International Development, 2006, pp. 1 -5, 143 -163.

[31] Drectorate General for Internal Policies of the Union, *Mobility of School Teachers in the European Union*, Report No. IP/B/CULT/IC/2008 - 008, 2008 - 05 - 12: 1 -65.

[32] Перенесено обсуждение законопроекта о поддержкесельских учителей [DB/OL] (http://www. gazeta. ru/edu cation/2010/01/14_ n_ 3311730. shtml. 2010 - 01 - 16/2010 - 0 5 -23).

[33] National Comission on Teaching and America Future, *No Dream Denied*, *A Pledge to America's Children*, Washiton D. C. , 2003.

[34] US. Department of Education, *The No Child Left Behind Act of* 2001, 2009 - 01 - 03, Public Law of PL, p. 107 - 110 (http://www. nochildleftbehind. com).

[35] 島根県教育委員会, 教職員の人事管理 (http://www. pref. shimane. lg. jp/kyoikuiinkai/pubrel/shimanenokyouiku/h

20_ shimanenokyouiku. data/06. pdf).

[36] David Roth and Watson Scott Swain, *Certification and teacher preparation in the United States*, 2000/11 (http://www. educationalpolicy org).

后　记

本书是我个人的第二本专著，第一本专著《教育公平与教育资源配置》也是中国社会科学出版社出版的。

本书的由来之一，是我 2010 年申请的教育部人文社科项目"基于公平视角的我国义务教育阶段教师资源配置问题研究"，有了经费的支持，同时也有第一本专著中关于"教师资源"的相关研究成果和思路，本书的研究主题就顺理成章地确定了；本书的由来之二是我本人自 2011 年起，除了继续担任陕西师范大学教育学院的教师外，还兼任了陕西师范大学附属小学的副校长，这个深入基础教育一线的机会让我对中小学教师队伍建设有了从理论到实践的全新认识，对中小学教师队伍建设中存在的困境和出路有了进一步的思考。

在 2012 年 4 月至 2013 年 4 月期间，我有幸在课题研究的关键时期，作为访问学者在美国明尼苏达州圣克劳德州立大学教育系学习一年。这宝贵的一年，不仅将我从繁杂的日常事务中解脱出来，让我有一大段可以自由研究和思考的时间，而且也给了我了解美国的教师资格证制度等与中小学教师相关的各种知识的机会。于是，结合自己已有的研究基础和实践条件，我在留美期间就完成了该书的主体部分。

现在，本书出版在即，我却有些忐忑和惭愧。自己思考和研究了多年的主题，有很多机缘巧合的有利条件，由于成书匆匆，在思路整理、结构安排、文字表达方面却有着太多的遗憾，本书的不足还请专家和读者予以批评和指正。

最后，我要感谢我的家人和朋友，感谢中国社会科学出版社。我的爱人石学云先生为本书中数据的处理提供了大量的技术支持，我的同事兼同学程宝良先生随时都为本书的研究方法提供咨询服务。中国社会科学出版社的责任编辑罗莉女士为本书的编辑出版付出了辛勤的劳动，甚至为本书的编校放弃了节假日的休息。他们为本书的完成和出版提供了重要的条件，我谨向他们表示最诚挚的感谢。

高　丽

2014 年 10 月